夏の京都、いただきます。

柏井 壽 著

京都を愉しむ

淡交社

目次

「駱駝」の麻婆豆腐……68
「天壇」祇園本店の焼肉……70
「御二九と八さい はちべー」のホルモン懐石……72
「ハマムラ」の焼売と春巻……74
「梅の井」のうな重……76

夏のお茶時間……78

「幸楽屋」の金魚鉢……80
「紫野源水」の涼一滴……82
「クリケット」のグレープフルーツゼリー……84
「出町 ふたば」の水無月……86
「鳴海餅本店」の水万寿……88
「遊形サロン・ド・テ」の白桃のジュレ……90
「ハンデルスベーゲン」のアイスクリーム……92
「祇園喫茶カトレヤ」のアイス珈琲……94
「鍵善良房」四条本店のくずきり……96
「飲食求道 一作」のえひめかき氷……98

夏の朝を味わう……100

「近又」の朝ご飯……102
「新福菜館本店」の中華そば……104
「ろじうさぎ」の京の朝ごはん……106
「知恩院」の暁天講座後の芋粥……108
「ラ・ブランジェ アサノ」のカレーパン……110

エピローグ 京都 夏の宿……112
美山荘／庵 美濃屋町／要庵西富家／三福
ウェスティン都ホテル京都 佳水園

あとがき……121
地図……122
店名索引……127

●本書に掲載したデータは、平成27年4月現在のものです。掲載内容や価格など、変更される場合がありますのでご了承ください。
●各店舗の定休日や営業時間については、祝祭日やお盆、年末年始などで変更される場合があります。
●夏季限定の商品や催しについて、年により変更になる場合がありますので詳細は各店舗にお問い合わせください。

はじめに

京都を旅する。その目的はといえば、千差万別。神社仏閣を訪ね歩く。京都でしか買えないものを探す。京都らしい街並みを眺めながらそぞろ歩く。季節の祭事を見物する。どれかひとつ、ということもあれば、それらを組み合わせての京都旅も多いことだろう。

そして、どの旅であっても欠かせないのが食。京都を訪れて何を食べるか。思いを馳せない旅人はいないに違いない。あるいは、食そのものを目的として京都旅のスケジュールを組む人だって少なくないはずだ。

春夏秋冬、四季それぞれ、京都には美味しいものが溢れている。

三方を山で囲まれた京都盆地ゆえ、春ともなれば、まずは山の幸である山菜が届く。そして筍《たけのこ》。これはおおむね西方から届く。どちらも京都らしい食材である。秋になれば、同じく山の幸、松茸をはじめとした茸や野菜が出盛る。それを越えて冬。聖護院《しょうごいん》かぶや堀川ごぼう、金時人参など、根菜類が旨みを湛《たた》える。更には日本海から蟹がやって来る。忘れがちだが、丹後の海は京都に属する。

そうした四季折々の食材だけでなく、京豆腐や京湯葉をはじめとして、通年味わえる京都の美味も数多くある。いつ訪れても美味しいものにありつけるが、京を美味しく味わうのに最もふさわしい季節は、と問われれば、僕は迷うことなく、夏と答える。

なぜ夏なのか。まずは食材。言わずと知れた鱧《はも》がある。京都の夏を彩る祇園祭《ぎおんまつり》は、別名鱧祭。夏だけに限った食材ではないものの、祇園囃子《ばやし》が聞こえる中で鱧を食べると、一層その旨みを増す。もしくは鮎《あゆ》。全国各地の川に鮎は生息するが、古くから食通たちは、京の鮎を真っ先に推して来た。そして野菜。賀茂《かも》なす、万願寺《まんがんじ》とうがらしなどがその代表とされる、いわゆる京野菜も夏場には種類も豊富で、滋味豊かな味わいを湛える。

ただ食材が潤沢なだけでなく、夏の京都の暑さも、美味を味わい尽くすのに、ひと役買ってくれる。

盆地ならではの蒸し暑さは、南国の暑さをも上回るほどで、じりじりと照り付ける日差しに、喉の渇きはたちまち極まり、それを潤してくれるお茶の時間は格別のものがある。更に、暑さに耐えようとして、身体が求めるスタミナ料理も、より美味しく感じるのが夏場。だが、もしも疲労困憊して食欲が落ちたとしても、案ずることはない。あっさりした麺料理も、夏の京都で待ち受けている。

あるいは時間差の活用も夏場だからこそ、の愉しみ方。

酷暑に見舞われる昼間を避けて、朝の涼しい時間帯に、爽やかな食を味わうのもいいし、夕涼みを兼ねて、オープンエアの夕餉《ゆうげ》を愉しむのも一興。

かくして、京都の美味を堪能するなら夏が最もふさわしいという答えが導かれる。そして、それを後押ししてくれるのが、シーズンオフという条件。

春秋の観光シーズン、京の街は人で溢れ返る。どの店にも多くの客が群がり、食べることもままならない状態が続く。底冷えに見舞われる真冬と同じく、夏場の京都は訪れる人も比較的少なく、店の予約も取りやすく、連れて宿も春秋に比べれば空いている。

夏の京都には美味を味わう条件がすべて揃っている。いざ、夏の京都へ。

星空の下で乾杯

屋外型チャペル〈CHAPEL LEHUA（レフア）〉前ガーデンに夏季限定でオープンする〈星空テラス〉

「京都センチュリーホテル」の星空テラス

夏にオープンエアで飲む、となればまずはビアガーデンとなるだろうが、他都市に比べて、京都には屋上ビアガーデンが、さほど多くない。それは鴨川《かもがわ》に床店《ゆかみせ》が出るからなのかもしれない。四条近辺と、後は京都駅の周りに集中しているのが、京のビアガーデン。

その中で一風変わったスタイルで、近年人気を呼んでいるのが「京都センチュリーホテル」の〈星空テラス〉。京都駅に隣り合う形で建つホテルは、リニューアルされ、スタイリッシュなインテリアで、更に居心地がよくなった。その三階にある屋外型チャペルは挙式会場として使われ、普段は入れないのだが、チャペル前のガーデンテラスは初夏から秋口に掛けてだけ、〈星空テラス〉という名のもとにカフェ&バーに変身する。

ビルが林立する京都駅周辺だが、不思議な

オープンエアの飲み

ことに、このスペースからは広い夜空を望むことが出来、文字通り星空を眺めながら飲めるのが嬉しい。何しろ挙式会場となるくらいだから、その雰囲気のよさは推して知るべし。喧騒に包まれるビアガーデンとは、ひと味違うドリンクタイムを愉しめる。

双眼鏡、天体望遠鏡なども備わっていて、天体観測も愉しめる他、色とりどりの惑星カクテルなどが提供される。〈星空テラス〉が夏の京都の新名所になりつつある。

京都センチュリーホテル

☎ 075-351-0111［ホテル代表］
☎ 075-351-0158［レストラン総合受付］（予約可）
下京区東塩小路町 680（京都センチュリーホテル 3 階）→地図 C（123 頁）

定休日：貸切の日は休業（予約時に要問い合わせ）
営業時間：18：00 〜 21：30
（LO フード 20：30 ／ドリンク 21：00）
駐車場：有（50 台）　**カード支払**：可
席数：テーブル席 40 名（全席禁煙）
予算･コース：ドリンク 800 円〜 / フード 600 円〜
（税・サ込）

夏の愉しみ

星空テラスは、毎年 5 月中旬から 9 月中旬頃まで実施されるが、天候や貸切により営業日が異なるので要予約・問い合わせ

グリーンガーデンを望みながら

オープンエアの飲み

哲学の道沿いのオープンテラスでは、木漏れ日の中、レトロな建物と料理をゆったりと愉しむことが出来る

「レストランNOANOA」のオープンガーデン

銀閣寺、哲学の道という、京都を代表するふたつの観光名所の傍にある「ＮＯＡＮＯＡ」は、かつて京都で青春時代を過ごした者なら、必ず一度は足を運んだだろうレストラン。

オープンしたのは大阪万博の年（一九七〇年）。僕が高校生の時で、茹で上げパスタやピザなど、当時としては珍しい、ハイカラな食で人気を呼んだ。この店で、初めてピザを食べたという友人も少なくなかった。

昭和初期、日本画家の大家、橋本関雪《はしもとかんせつ》がコレクションハウスとして建築した洋館を、レストランに改装したものだから、本物のヨーロッパを感じながら食事が愉しめる店として、多くのカップルが足を運んだのも当然のこと。「ＮＯＡＮＯＡ」でデート、というのは多くの憧れでもあった。四季折々の花が咲き乱れるオープンガーデンというスタイルも

極めて珍しく、長い歴史を経て、今もその空気は当時と殆ど変わらない。

哲学の道を散策し、銀閣寺を参拝。「白沙《はくさ》村荘《そんそう》」の庭を歩いて後、この店に辿り着く。そんなコースがお奨め。緑豊かなオープンガーデンを眺めつつ冷えた白ワインでも飲めば、暑さを忘れ去ること必定。あるいはフルーツのグラニテで、涼やかな甘みを舌に載せるもよし、爽やかなカッペリーニに舌鼓を打つのもいい。京の歴史を色濃く残す店である。

レストラン NOANOA

（れすとらんのあのあ）

☎ 075-771-4010（予約可）
左京区浄土寺石橋町 37 →地図 D（124 頁）

定休日：年中無休（年に数日臨時休業有）
営業時間：11：00 〜 LO 21：00
駐車場：無（近隣にコインパーキング有）
カード支払：可
席　数：館内／テーブル席 68 名（禁煙）・テラス＆ガーデン／テーブル席約 30 名（喫煙可）
予算･コース：昼 3000 円、夜 5000 円（税・サ込）程度
他店舗：白沙村荘お食事どころはしもと

夏の愉しみ

夏限定メニューに、〈海の幸の冷製カッペリーニガスパチョ仕立て〉や〈フローズンフルーツとココナッツミルクのグラニテ〉などがある

京都ならではのビアガーデン

上七軒歌舞練場の日本庭園で、浴衣姿の芸妓さん、舞妓さんがおもてなししてくれる

「上七軒歌舞会」のビアガーデン

京都五花街《ごかがい》のひとつ、上七軒の歴史は、古く室町時代に遡る。

北野天満宮の社殿が焼失した後、室町幕府によって再建され、その残材で七軒の茶店を建て、参拝客の休憩所としたのが上七軒の始まりとされている。

時代は下って天正十五年（一五八七）十月。世に言う〈北野大茶湯〉を催した豊臣秀吉の為に、この七軒の茶店を休憩所とした。そして名物の御手洗《みたらし》団子を献じると、秀吉はいたく気に入り、茶屋株を公許したのが、いわゆるお茶屋の始まりと言われている。

花街にはそれぞれ紋章があり、この上七軒は〈五つ団子〉と呼ばれるモチーフを使っているが、それは秀吉が好んで食べた御手洗団子に由来する。

そんな伝統を持つ上七軒では、夏限定で歌

舞練場の庭を、ビアガーデンとして開放している。手入れの行き届いた日本庭園を眺めながら、ジョッキを傾けるというのも、なかなか乙なもの。

更には、揃いの浴衣《ゆかた》を着た芸妓や舞妓がもてなしてくれるのも嬉しいところ。花代《はなだい》を考えると、お茶屋の座敷に上がり込んで、は難しいが、ここなら気楽に愉しめる。〈五つ団子〉の提灯《ちょうちん》のもとで、やわらかい京言葉を聞きながら飲むビールは格別の味わい。

上七軒歌舞会（かみしちけんかぶかい）

☎ 075-461-0148（予約可）
上京区今出川通七本松西入真盛町 742
（上七軒歌舞練場）→地図 G（126 頁）

定休日：盆中の休み有（毎年前後する）
営業時間：ビアガーデン 17：30 ～ 22：00
（LO 21：30）
駐車場：無
カード支払：不可
席　数：テーブル席約 250 名（禁煙・喫煙両席有）
予算･コース：予算 6000 ～ 7000 円（税・サ込）

夏の愉しみ

ビアガーデンは 7 月 1 日から 9 月 5 日に実施（盆中の休みは要問い合わせ）

中華を食べながら夕涼み

オープンエアの飲み

「東華菜館」の屋外納涼席

京都の街を歩くと、つい日本建築ばかりに目が行きがちだが、西洋建築にも見るべき建物が多いのが京都。

たとえば西本願寺の伝道院《でんどういん》。伊藤忠太《いとうちゅうた》設計の洋館は、凝った意匠で知られる。あるいは同志社大学の礼拝堂や有終館《ゆうしゅうかん》などの赤レンガ群。いずれも京都の街にしっくり溶け込んでいる。

四条大橋西詰に建つ「東華菜館」もその一軒。大正末期の建築。設計はかのヴォーリズ。スパニッシュ・バロック様式のモダンな洋館は、ひと際目を引くが、鴨川《かもがわ》の水面にその姿を映す様は、京都らしい光景として街並みにもすっかり馴染んでいる。

洋食レストランとして開業したが、戦後間もなく北京《ペキン》料理店として再開。名を「東華菜館」とした。

東山を一望できるロケーションで、
通常のメニューを同じように屋外で頂ける

そして今や夏の風物詩ともなったのが、床《ゆか》店《みせ》と並ぶ、屋外の納涼席。河原に設えられた川床席と屋上席を併《あわ》せ持つ、珍しい店。

何より有難いのは、料理も料金も、室内で食べるのとまったく同じだということ。

京都の中華料理店は、その多くが広東《カントン》料理をベースにしていて、伝統的な北京料理を供する店は、さほど多くない。それを鴨川の風に吹かれながら食べられるのだから嬉しい。

東華菜館（とうかさいかん）

☎ 075-221-1147（予約可）
下京区四条大橋西詰→地図 B（123 頁）

定休日：年中無休
営業時間：11：30 ～ 21：30（LO 21：00）
駐車場：無
カード支払：可
席数：室内席約 300 名・床席約 120 名・屋上席約 60 名（禁煙・喫煙両席有）
予算・コース：5000 円～（税・サ別）のコース有
他店舗：洛北店（屋外納涼席は本店のみ）

夏の愉しみ
屋外納涼席は 5 月 1 日から 9 月 30 日に実施

まず一番に鮎と鱧

夏の京都。何を食べるべきかと言えば、これはもう鮎《あゆ》と鱧《はも》に尽きる。古《いにしえ》より多くの食通たちが、京の鮎、京の鱧を称賛し続けて来た。

しかしながら、鮎は日本全国、どこの川にも棲息しているし、鱧が京都で獲れるわけでもない。なのになぜ、京の鮎や鱧が讃《たた》えられるのか。それこそが、京都が長く美食の街としてあり続けて来た所以《ゆえん》なのである。

夏を待たず、春も終わろうかという頃から、京都の料理屋の品書きには、鮎の字が躍り始める。店によっては冬が終わると同時に稚鮎を出すこともあるが、あまりに早過ぎると却って興趣を削ぐ、そう感じる都人は少なくない。

多くの食材には旬があり、それに先んじて〈走り〉、遅れて〈名残り〉がある。きっと江戸っ子なら〈走り〉にこそ粋《いき》を感じるのだろうが、古くより、ものの哀れを尊ぶ京都人は、〈名残り〉に肩入れすることはあれ、過度な〈走り〉は敬して遠ざける。

それは鮎も同じであって、初夏から初秋にかけて、とりわけ夏の盛りに食べる鮎をもって極みとするのが都人の慣わし。

鮎にも様々な料理法があるが、やはりシンプルな塩焼きが一番。活きた鮎に金串を打ち、炭火で焼く。単純な調理だけに、その素材のよさ、焼き加減、塩の具合で味が決まる。この勘所を心得ている料理人が多くいるからこそ、京都の鮎は旨いのである。

そして鱧。なぜ京都で鱧なのかと言えば、それは鮎と同じく、腕のたしかな料理人がいるからだ。そして海から遠く離れた都だから。

瀬戸内で獲れた鱧。あまりの小骨の多さに、地元では重宝されなかった。鯛をはじめとして、容易に調理出来て、なおかつ旨い魚がいくらも獲れるのだから当然のこと。これに目を付けたのが京都の料理人。鱧は生命力が強く、遠く瀬戸内から運ばれて来ても鮮度を保っている。後は小骨を切る技さえ備えれば、というわけで、皮一枚残して骨を切る技術を身に付けた。

一寸に二十六筋とも言われる、細かな包丁目が入ることで、鱧はふわりとした身に変わる。シャリッ、シャリッと骨を切る音は、京の夏の風物詩。

梅雨の雨を飲んで旨くなると言われる鱧。祇園祭《ぎおんまつり》は別名鱧祭と称されるほど、梅雨明けの祇園祭に鱧は欠かせない。淡白な白身ながら、濃い旨みを湛《たた》える魚は、鮎と違って多彩な料理法があり、それこそが料理人の腕の見せ所。さて、どんな料理が出て来るのか。

「浜作」の鱧の葛たたき

鱧の葛たたき　器／朱塗り宝尽くし唐草椀・仁阿弥道八造 徳利・須田菁華造 盃

浜作（はまさく）

☎ 075-561-0330・561-1693（要予約）
東山区祇園八坂鳥居前下ル下河原町 498 →地図 A（122 頁）

定 休 日：水曜日・第 3、4 火曜日
営業時間：昼 12：00～14：00（LO 13：00） 夜 17：30～20：30（LO 20：00）
駐 車 場：無
カード支払：可
席　　数：カウンター 14 席・個室 10 名・2 階サロンテーブル席 30 名（全席禁煙）
予算・コース：昼おまかせ 15000 円～・夜 鱧のおまかせ 25000 円～（すべて税・サ別）
※料理教室 月 7 回（実習・講習）月謝 10000 円

川端康成筆

「浜作」のこと

和食がユネスコの世界無形文化遺産に認定されたことで、時ならぬ和食ブームが起こり、その中心となっているのは、間違いなく我が京都である。

京料理を筆頭に、日本料理を標榜する店が多く存在する街だから、当然のことだと言える。そしてそれを目当てに京都旅を目論《もくろ》む人々も少ない数ではない。

京都で和食を。そう望むなら、ただメディアで持て囃《はや》される人気店ばかりを追い掛けるのではなく、真っ当な日本料理を出す店に足を運びたい。

と、その前にまず心得るべきは、割烹《かっぽう》と料亭のどちらを選ぶか、だ。同じ日本料理を出す店であっても、その様式、愉しみ方はまるで異なる。

まずは今人気を呼んでいる割烹。調理する場と食べる場が、カウンター板一枚を境にして、空間を同じくするスタイル。料理が出来上がっていく様を間近に見る愉しみは、食の醍醐味で

夏の愉しみ

2階には「アンティ・ディレッタント」というサロンがあり、ケーキとコーヒーなどの喫茶メニューが気軽に愉しめる。ここで行われる料理教室も好評。鱧はおおむね5月から8月に供される

鱧の落とし　器／魯山人造 刷毛目武蔵野鉢・魯山人造 吉猪口

もあり、多くの人気店はこのスタイル。

ではあるが、割烹とは客の好みに応じて、臨機応変に料理するのが本来の姿。すべて居並ぶ客に、同じ料理を一斉に出す手法は、亜流と言わざるを得ない。

板前割烹の嚆矢《こうし》として、更には真っ当な割烹様式を連綿と守り続ける店として、真っ先にその名を挙げたいのは、祇《ぎ》園《おん》八坂《やさか》鳥居前に店を構える「浜作」。

昭和二年。初代主人が祇園で店を開いてから九十年。多くの文人墨客に愛されながら、今日に至るまで、吟味した素材を最大限に生かすという、正しい日本料理を作り続けている。

殊更に季節を重んじ、選びに選んだ素材を真っすぐに調理し、最もふさわしい器に盛る。言ってみれば、ただそれだけのことなのだが、一朝一夕に出来る技ではない。主人自らの精進ももちろんだが、店を育ててくれる、佳《よ》い客に恵まれて初

鱧寿司　器／河井寛次郎造 碧釉海鼠鉢

めて適うこと。川端康成《かわばたやすなり》、谷崎潤一郎《たにざきじゅんいちろう》、河井寛次郎《かわいかんじろう》、白洲次郎《しらすじろう》など、ひと癖もふた癖もありそうな文人たちを相手にして料理を出して来た店は、どんな料理を出しても大絶賛し、写真におさめて記念とするような緩《ゆる》い客ばかりが集う店とは、明らかに異なる。

たとえば鱧の椀。何ひとつ奇を衒《てら》うことのない、見るだに端正な姿だが、椀から立ち上る馥郁《ふくいく》たる香り、滋味豊かな吸い地の味わい、そして何より、ふわりと口当たりのいい鱧の旨み。これらが渾然《こんぜん》一体となって醸し出す一椀の料理。これが日本料理の神髄である。

鱧寿司を盛った河井寛次郎の鉢、鱧の落としを盛る北大路魯山人《きたおおじろさんじん》の鉢。この堂々たる姿が「浜作」が「浜作」たる所以《ゆえん》。京都随一の割烹で食べる鱧は、至福の味わいだ。

鮎の塩焼き
水槽に泳ぐ鮎を縁側の火鉢で焼き上げる様子を見ることが出来る

建仁寺 祇園丸山 (けんにんじぎおんまるやま)

☎ 075-561-9990 (要予約)
東山区建仁寺南側（建仁寺正門前から東入）
→地図 B（123 頁）

定休日：木曜日
営業時間：昼 11：00～13：30 夜 17：00～19：30
駐車場：無 **カード支払**：可
席数：座敷 6 室
予算･コース：昼 6000 円～・夜 10000 円～（税・サ別）
他店舗：祇園丸山（予算は昼 6000 円～・夜 15000 円～）

「祇園丸山」のこと

割烹《かっぽう》に対して、料亭はと言えば、料理そのものもだが、食事をする時間全体を愉しむための店である。

極論をすれば、その店に行き着くまでのアプローチからして、既に食事の時間が始まっている。玄関を潜り、出迎えを受け、上がり込んで席に着くまでに、どんな趣向で愉しませてくれるか。これも料亭の腕の見せ所となる。

祇園《ぎおん》町南側に店を構える「祇園丸山」が、その手本を示してくれる。

祇園石段下から四条通を経て、もしくは花見小路《はなみこうじ》通から、いくつかの路地を辿り、店の前に立つ頃には胸の昂《たか》ぶりは頂《いただき》に近くなる。数寄屋《すきや》造りの一軒家は、この上ない祇園情緒を湛《たた》え、玄関から続く路地に打たれた水が何とも清々しい。

料亭の真骨頂である座敷に、更なる工夫を凝らした建仁寺店のそこかしこには、見逃せない

夏の愉しみ

建仁寺店の他に、祇園町南側にも「祇園丸山」があり、カウンター席も備わっているので、ひとりならそちらがお奨め。鮎はおおむね6月から8月に供される

祇園祭盛り
鱧と鮎のちまき寿司／蛸・鮑・甘うに・大根・枝豆／ほおずきに小芋と万願寺

季節の設えがある。

部屋へと通されたなら、まず見るべきは床の間。必ずここに主人の思い入れが込められている。春夏秋冬、そんな大雑把なものではない。二十四節気、更には七十二候に至るまで、細かな季節の移ろいに合わせて、床の間を設える。

どんな掛軸がふさわしいか、花は何がいいか、花器は何を選ぶか。主人が心を砕いた跡を拝見することで、料理への期待を膨らませるのが、料亭の醍醐味。

しかしながら、その趣向の中には、日本古来の文化芸能を表すものもあり、ある程度の知識を持たないと愉しめないことがある。その点では割烹よりも上級者向きと言えるが、料理そのものは、定められたコースに則って、順に出されるので、さほどの緊張感を強いられることはない。

割烹スタイルに慣れてしまうと、料理の様子を間近に出来ないことを頼りなく

梶の葉珍味　鱧の子と翡翠銀杏／鱧の一枚落としと胡瓜／日取り鮎・もち鯨・管ごぼう・とうもろこし／鮎の子うるか／背越しの鮎と酢取りみょうがと蓮根

感じることがある。その点、この「祇園丸山」は座敷と庭を駆使して、客の目を愉しませる工夫にも怠りない。

　たとえば鮎。まずは鮎が泳ぐ様を見せてくれる。底に石を沈め、青楓を浮かべたガラス鉢の中を、ぴちぴちと若鮎が踊り遊ぶ。縁側に差し込む日差しも相まって、誰もが渓谷の清流を思い浮かべる。

　その鮎に金串を打ち、庭先に置いた火鉢の炭で焼く。塩をあてる様から始まり、丸うちわで煽《あお》ぎ、じっくりと時間をかけて、鮎が焼き上がっていく様子を、客は座敷から眺める。まさしくお大名気分。ほどよく焼き色が付いた鮎が、やがて膳に運ばれ、馨《かぐわ》しい香りを放つ。

　割烹には割烹の、料亭には料亭の、それぞれの佳《よ》さがあり、時宜に応じて選び分ければいいが、迷った時はこの「祇園丸山」に限る。割烹のライブ感と、料亭の格式の両方を一度に愉しめるのだから。

「燕en」の鮎の塩焼き

誰にも教えたくない店

いい店に出会った時、ふたつの道筋のどちらを選ぶか、大いに悩むことがある。ひとつはいち早くメディア媒体で紹介する道。今ひとつは自分だけのとっておきの店として、大切に仕舞い込んでしまう道。

前者を選んで後悔したことは一度や二度ではない。好きで通っていた店が予約の取りづらい店となり、ついには一年も先まで行けなくなってしまう。それは何も僕が紹介したからだけではない。横着なメディアが便乗して後追い取材するからである。行きつけの店を失くす無念はもう重ねたくない。いきおい慎重になってしまう。たとえばこの「燕」がその典型だった。

京都駅からすぐ近くにあって、季節の食材を巧く使いこなし、粋《いき》な逸品料理に仕上げる。アラカルトが主体で、酒類も豊富、と極めて使い勝手のいいカウンター割烹《かっぽう》。まさしく僕の好みにピタリと合う店。誰にも教えたくないと思いながらも、敢えて紹介したのは、この店の価値を広く知らしめたいという願いゆえのこと。

すべてに過ぎないところがいい。店は狭過ぎず広過ぎず。出過ぎることのない接客。秀麗な盛り付けながら飾り過ぎず。凝り過ぎない料理は素材を最大限に生かす。たとえば鮎の塩焼き。頃合いの大きさの活き鮎に串を打ち、炭火で焼く。塩の加減もほどよく、焼き加減も絶妙。これで不味《まず》いわけがない。

立地の妙、夜だけの営業ということもあって、今のところは一週間ほど前の予約でも大丈夫なようだ。気軽に京を味わえる店では、今一番のお奨め割烹だ。

鮎の塩焼き　2匹1200円（税別）。急流を遡上するかのような姿が美しい

燕 en（えん）

☎ 075-691-8155（予約可）
南区東九条西山王町 15-2 →地図 C（123 頁）

定 休 日：日曜日
営業時間：17：30 〜 23：00
駐 車 場：無
カード支払：不可
席　　数：カウンター10 席・テーブル席2名まで（全席禁煙）
予算·コース：予算 7000 〜 8000 円（税・サ込）
コースは基本的には無

夏の愉しみ

アラカルトメニューには、鴨カツなどの洋食風メニューや、〆の蕎麦などもあり、居酒屋風の使い方も出来る。ニューヨークでの板前経験を持つ板長ならではの料理が愉しい。鮎はおおむね6月から8月に供される

「音戸山山荘 畑善」の鱧寿司

市中の山居

平成二十七年（二〇一五）は琳派《りんぱ》四百年に当たるようで、記念事業も相次いで開催され、京の街には時ならぬ琳派ブームが巻き起こっている。

俵屋宗達《たわらやそうたつ》、本阿弥光悦《ほんあみこうえつ》らが礎《いしずえ》を築き、その流れを継いだ尾形光琳《おがたこうりん》の名の一字を取って、琳派と名付けられたのは、さほど古いことではない。

それはさておき、絵師尾形光琳の弟に尾形乾山《けんざん》がいて、野々村仁清《ののむらにんせい》に教えを受けて陶芸の道に進んだ。洛中の北西、つまり乾《いぬい》の方角に窯を築いたことから、自らの号を乾山とした。

乾山が作陶に勤しんだ場所は鳴滝《なるたき》という地で、そこに音戸山という標高百六十五メートルの低山があり、その頂《いただき》近くに建つのが「音戸山山荘 畑善」という料亭。きっと乾山も眺めたであろう、市内の眺望を得られる、風光明媚の地にある店。

かつては屋敷だったのだろう。洋風の豪奢《ごうしゃ》なラウンジがあり、椅子席を希望すれば、ここで純然たる日本料理を食べることも出来る。京都らしい風情を、となれば、よく手入れの行き届いた日本庭園を望む、格式高い座敷での食事を愉しむことが出来る。

等持院の近くに店を構えていた頃から、寿司をも得意料理とし、今もすし懐石がメニューに上り、昼なら六千円という値頃な価格で食べられるのも嬉しい。

夏限定の鱧寿司はこの店の名物。丁寧に骨切りした鱧をじっくりと焼き上げ、あっさりと味付けした棒寿司。口当たりやわらかく、鱧の旨みが寿司飯と一体になり、京の夏を満喫出来る味わい。暫し乾山気分に浸れる市中の山居、足を伸ばす価値は充分にある。

鱧寿司　すし懐石 10000 円（税別）の中の一品

音戸山山荘 畑善（おんどやまさんそうはたぜん）

☎ 075-462-0109（要予約）
右京区鳴滝音戸山 6-18 →地図Ⅰ（126 頁）

定 休 日：火曜日・第 3 月曜日（祝日の場合、予約の場合は営業）
営業時間：昼膳 11：30 〜 15：00（LO 14：00）
夜膳 17：30 〜 21：00（LO 19：00）
駐 車 場：有（3 台）　**カード支払**：可
席　　数：座敷 30 名まで・茶室 4、5 名・テーブル席 30 名まで（禁煙・喫煙両席有）
予算・コース：昼ミニ懐石 5000 円〜／すし懐石 6000 円〜・夜懐石／すし懐石 10000 円〜。予算に応じて相談可（すべて税・サ別）

夏の愉しみ

住宅地の中に建つ店は、ここだけを目指す客に向けての立地。嵐山、嵯峨野界隈の散策と合わせて、あるいは仁和寺、龍安寺などの古寺巡りと組み合わせると、愉しみが倍加する。鱧寿司は 6 月から 9 月限定

「鮎茶屋 平野屋」の鮎の塩焼き

四百年の歴史をもつ鮎料理の老舗

名勝 嵐山《あらしやま》から北へ。嵯峨野《さがの》の奥に鳥居本《とりいもと》という地がある。地名の通り、鳥居が建っているが、これは愛宕《あたご》神社の一の鳥居で、ここから参詣道が始まるという印でもある。愛宕神社は標高九二四メートルの愛宕山頂に建立された神社で、都人からは愛宕さんと呼ばれ、親しみを持って崇《あが》められている。

割烹《かっぽう》店の厨房などでしばしば見掛ける、〈火迺要慎《ひのようじん》〉と書かれたお札は、この愛宕さんから授かったもの。火伏せの神様であり、転じて料理の守り神とも言われている。

そんな愛宕さん参りの参拝客に向けての茶店が何軒かあり、「平野屋」もその一軒。一の鳥居のすぐ傍に建つ店は、苔むす屋根が古い歴史を物語り、茶店と鮎問屋を兼ねる商いを始めてから、四百年もの歳月を重ねて来たという。〈鮎よろし〉〈鮎司〉などと書かれた提灯《ちょうちん》が、名物鮎料理へと誘っている。

保津川《ほづがわ》水系で獲れた鮎を、ここで一晩寝かせ、〈鮎持ちさん〉と呼ばれる担ぎ手によって、京の料亭に卸していたという。

そんな由緒正しい店の鮎を、風情漂う奥座敷で食べられるのは何とも嬉しい。背越しにされた造りや鮎ご飯など、バリエーション豊かな鮎料理を堪能出来るが、白眉は鮎の塩焼き。

鮮度のいい鮎は焼かれても尚、清流で躍る姿をそのまま保ち、熟達の焼き手によって仕上げられたことを窺わせる。嵯峨野の奥にひっそりと佇む茶店で、選りすぐりの鮎をじっくりと味わう。夏ならではの愉しみである。

鮎の塩焼き　夏のコースの中の一品。野性的な顔の天然鮎

鮎茶屋 平野屋（あゆぢゃやひらのや）

☎ 075-861-0359（予約可）
右京区嵯峨鳥居本仙翁町16（愛宕神社一の鳥居の畔）
→地図L（126頁）

定休日：年中無休
営業時間：11：30～21：00（LO 19：00）
駐車場：有（5台）
カード支払：可
席数：座敷30名まで・テーブル席28名まで（喫煙可）
予算・コース：夏のコースは昼8000円～・夜15000円～
春秋冬は昼5000円～・夜11000円～（すべて税・サ別）

夏の愉しみ

鮎は6月の若鮎から始まり、7月8月が盛り、9月に入ると落ち鮎など、季節の移ろいに合わせて味わい分けることができる。洛中に比べていくらか涼しいのも有難い

「いもぼう平野家本家」の鱧重

知る人ぞ知る夏の逸品

千二百年を超える都である京都には、その長い歴史の間で家系が枝分かれし、あるいは跡目を継ぐ時に諍《いさか》いが生じ、同名店ながら背を向け合っている商いを見掛けることが、しばしばある。

そういう経緯を知らずに、きっと系列店だろうと思って、同名他店の話をすると気まずい空気になることも少なくないから、心に留め置く必要がある。洛北の名刹近くで暖簾《のれん》を上げる蕎麦屋で、そんな経験をしたこともあり、同様のケースではそのことに触れないようにしている。もっとも、料理屋で他の店の話をすることは、奨められたことではないのだが。

円山《まるやま》公園の中にあって、京名物の〈いもぼう〉を出す店として知られる「いもぼう平野家本家」も、近くに似たような名の店があり、よく混同される。〈いもぼう〉をお奨めする際、八坂神社のすぐ北側、円山公園の中の店、と念を押すのにはそんな理由がある。

九州から伝来した唐芋《とうのいも》と、北海道産の棒鱈《ぼうだら》が、京の都で出会い、〈いもぼう〉と呼ばれる料理になった。京の出会いもんの典型例である。ふたつの素材を炊き上げるとき、互いの持つ特性が互いを引き立て合い、足し算が掛け算になるようなことから、夫婦炊きとも呼ばれる。

必ず一度は味わいたいが、夏場にはこれとは別に鱧重が品書きに上り、夏ならではの逸品として人気を呼んでいる。ちょうど鰻重《うなじゅう》の鰻を鱧に置き換えたもの、と言えばおおよその味が分かろうというもの。丁寧に骨切りされた鱧を付け焼きにし、ご飯の上に載せたシンプルな料理ながら、その味わいは深く、かつ、手軽に鱧の旨みをダイレクトに感じ取れる。鱧重はこの店だけで供されるので、店を間違えることもないのが嬉しい。

鱧重　お椀、香のものが付いて 3300 円（税別）

いもぼう平野家本家 （いもぼうひらのやほんけ）

☎ 075-525-0026・561-1658（要予約）
東山区祇園円山公園内（八坂神社北側）
→地図 A（122 頁）

定休日：年中無休
営業時間：11：00 〜 20：30（LO 20：00）
駐車場：有（4 台）
カード支払：可
席　数：座敷小上がり約55名、個室 5 部屋・テーブル席 31 名（禁煙）
予算・コース：いもぼうを含む花御膳 3000 円
他コース 4000 円〜（すべて税・サ別）

夏の愉しみ

多くの店が鱧寿司を手掛ける中、鱧重を出す店は殆ど無い。6 月から 9 月半ばまでの限定メニューは是非一度味わってみたい。お土産には、この店だけの〈いもぼう〉がお奨め

「割烹はらだ」の鮎の塩焼き

主人との会話を愉しみながら

京割烹《きょうかっぽう》の人気は、年々高まる一方で、新たな店も増え続けている。そしてその多くの割烹店は、おまかせコースだけというスタイル。店を訪れた客は皆、同じ料理を食べる。店によっては一斉スタートと決めているところもあり、カウンターに居並ぶ客たちが、同じ料理を同時に食べるというのが近頃の人気割烹の姿。半年先まで予約で満席というような割烹は、おおむねこの一斉方式を取っているようだ。

先に書いたように、割烹というのは、客の目の前で調理し、それは客の反応を覗い、その様子を横目にして臨機応変に対応するというスタイルだったはず。まるで給食のような食事を強いられるのが苦手なので、その手の割烹からは足が遠のく一方。

おまかせコースもあるが、黒板に書かれたその日のお奨めから、好きな一品料理を選んで食べられる割烹がいい。例えばこの「割烹はらだ」のようにだ。

テーブル席がひとつと、後はL字型のカウンター席のみ。お奨めはやはりカウンター。主人と相談しながら食べ進める。小ぶりの酒肴《しゅこう》が品よく盛られた八寸から始まり、お椀の後に焼物。

主人自ら釣り上げたという鮎があれば、それを外すわけにはいかない。飛び跳ねる鮎に串を打ち、炭火に載せる。釣り談義、鮎話を交わしながら、じわりじわりと焼き色が付いていく。頭からがぶりといきたいので、焦げる寸前まで焼いて欲しい。そんなわがままなリクエストにも気軽に応じてくれるのが割烹の真の醍醐味。香魚とも称されるほどの、清冽な薫りに腸の苦みが混ざり合い、鮎の旨みを丸ごと味わえる。「割烹はらだ」は使い勝手のいい割烹だ。

鮎の塩焼き
天然もの2000円・養殖1200円（税別）。
昔ながらの蓼酢を添えて爽やかに。
活き鮎は化粧塩をせずとも尾ヒレがピンと立つ

割烹はらだ（かっぽうはらだ）

☎ 075-213-5890（予約可）
中京区河原町通竹屋町上ル西側大文字町237
→地図B（123頁）

定休日：月曜日・月1回日曜日（不定）
営業時間：17：30～23：00（最終入店21：00）
駐車場：無
カード支払：可
席数：カウンター9席・テーブル席4名（全席禁煙）
予算·コース：9000円（税・サ別）のコース有

夏の愉しみ

6月から8月までの鮎シーズンには、定休日の月曜日を使って、毎週のように主人と女将は鮎釣りに出掛ける。その釣果を狙って、火曜日の予約を取るのが常連の裏ワザ

夏の涼やか麺

京都と麺。そのイメージは掴《つか》みづらいが、京都人の麺好きも定評のあるところ。

たとえば、讃岐《さぬき》ならうどん、信州なら蕎麦、博多だとラーメンといった風に、特定の麺に偏《かたよ》ることなく、和洋中、様々な麺料理が混在し、そのどれもが、いつしか京都らしい味わいを醸し、佇まいを見せる。

とりわけ夏場ともなれば、如何にして涼しげに味わうかに工夫を凝らす麺が、街なかのそこかしこに姿を見せる。その典型とも言えるのが〈流しそうめん〉。夏の涼やか麺と言って、これを超えるものは、そうそうあるものではない。それも洛北貴船《きぶね》で味わうとなれば尚一層。

そうめんはともかくとして、京都の麺類全般の特徴として、コシの弱さが挙げられる。うどんひとつ取っても、讃岐のようなコシのあるうどんとは対照的に、京都のそれは、くにゃりとやわらかい麺。

俗に、〈京の腰抜けうどん〉と言ったりするほどだが、それには少し理由があって、ひとつには、出汁《だし》の旨みを麺に吸わせる為に、敢えてコシを失くしていること。京都では麺料理と言えども、麺より出汁が主役となることが多々ある。麺が主張し過ぎると、出汁の味わいを阻《はば》みかねないというわけだ。

今ひとつは、平安王朝の公家文化以来、食全般、固いものより、やわらかいものを好む習慣があり、それが麺にも伝わっているということ。するするとたやすく喉を滑っていく麺はまさに夏向きで、ひやりと冷たいツユとの相性もぴったり。京の夏に涼やか麺がよく似合うのも当然のこと。

「上七軒 ふた葉」のざるそば

芸妓舞妓に愛される店

京都五花街《ごかがい》のひとつ上七軒は、他の四つの花街からは少し離れた西陣《にしじん》にある。かつては隆盛を極めた和装業界の旦那衆たちの憩《いこ》いの場であり、情緒溢れる界隈は大いなる賑わいを見せた。西陣に往時ほどの勢いはないものの、それでもやはり多くが集う地として今も人気が高く、上七軒には十軒のお茶屋があり、しっとりとした街並みには、様々な店が軒を並べている。

上七軒の交差点から北西へ、斜めに伸びる道沿いに暖簾を上げる「上七軒 ふた葉」は、花街にありながら、気軽に入れる蕎麦屋。

店の中には小上がりとテーブル席があり、決して小さな店ではないが、いつも多くの客で賑わっている。壁に貼られた舞妓うちわが花街の空気を醸し出し、芸妓舞妓に愛されている店であることが窺い知れる。

うどん、生そばの麺類から、玉子丼、かつ丼といった丼ものまで豊富に品書きが揃い、価格も至って手頃なのが嬉しい。

ねぎうどんや、かもカレーなどの種ものにも惹かれるが、やはり夏にはざるそばがよく似合う。つるりと喉越しを味わう蕎麦、この店では茶蕎麦を使う。

茶所宇治を擁するせいかどうか、かつて京都には茶蕎麦を出す店がたくさんあったが、今では数えるほどになった。その内の一軒がここ。

目にも鮮やかな緑色の茶蕎麦は、つるつると喉を滑り、お茶の風味が鼻に抜け、口の中に涼風が吹く。夏ならずとも食べたくなるざるそばである。

ざるそば　700円（税込）。ふた葉のざるそばは茶蕎麦

上七軒 ふた葉 (かみしちけんふたば)

☎ 075-461-4573・461-7969（予約不可）
上京区今出川通七本松西入真盛町 719（北野上七軒）
→地図 G（126 頁）

定 休 日：水曜日（25日の天神さんの縁日は営業。代休有）
営業時間：11：00〜19：00（売り切れ次第終了）
駐 車 場：有（1台）
カード支払：不可
席　　数：座敷・テーブル席合わせて 36 名
予算・コース：〜 1000 円程度（税・サ込）

夏の愉しみ

京都のうどん屋では、中華そばを出す店が少なくなく、この店の中華そばも人気メニューのひとつ。ラーメンとはひと味違う、あっさりとした後口で、芸妓、舞妓さんにも人気。ざるそばは通年あるが、冷しうどん、冷しきつね、冷し中華などの冷しものは 5 月から 10 月上旬までの限定

夏の涼やか麺

貴船「ひろ文」の流しそうめん

五感で味わう貴船の涼

京の夏の風物詩と言えば、まずは川床。鴨川《かもがわ》の河原に設えられた床店に、誰もが憧れを持ち、一度は行ってみたいと願う。おおむね北は二条通辺りから、南は五条通近くまで。鴨川の西岸にはずらりと店が並び、夏ならではの川景色を見せている。

鴨川を見下ろす床店は、〈ゆか〉と読み、洛中の真ん中にありながら、涼を呼ぶ設えとして人気を呼んでいる。

一方で、洛北貴船《きぶね》に誂《あつら》えられたのは川床。こちらは〈とこ〉と読む。街なかで雰囲気を愉しむなら鴨川。涼を求めるなら貴船。市内中心部に比べると、数度近く気温が低い。

叡山《えいざん》電鉄の貴船口駅が最寄駅。京の奥座敷と呼ばれていることから、川床を床の間に見立てて、〈とこ〉と読むようになったという説もある。

貴船川に沿って、十軒を超える料理店が川床席を並べていて、貴船の川床の特徴は、川の流れの上に床席を設えていること。床席に座ると、流れに手が届きそうなくらいで、水面から立ち上る冷気が身体を冷やしてくれる。

川魚をメインにした川床料理もいいが、手軽に愉しむなら「ひろ文」の流しそうめんがお奨め。音を立てて流れ落ちる水を眺めながら、青竹で縁取られた掛樋を滑ってくるそうめんを箸で掬い上げる。京都らしく淡い味わいのツユに潜らせて口に運べば、洛北貴船の涼風が口中に吹き渡る。「ひろ文」は、水の神様と称される、貴船神社の本宮と中宮に挟まれて建っている。

流しそうめんを食べると、〈涼〉という字は〈水〉と〈京〉で出来ていることを実感する。

流しそうめん　1300円（税込）。
流しそうめんは作法を守って愉しむこと

貴船 ひろ文（きぶねひろぶん）

☎ 075-741-2955（流しそうめんは予約不可・雨天中止）
左京区鞍馬貴船町 87 →地図 H（126 頁）

定休日：不定休
営業時間：料理 11：30 ～ LO19：30
流しそうめん 11：00 ～ LO16：30
駐車場：料理のみは有（10 台）・流しそうめん用は無
カード支払：料理可・流しそうめん不可
席数：流しそうめんは一度に 8 人（禁煙）
予算･コース：流しそうめん 1300 円・川床料理 8600 円～（すべて税・サ込）

夏の愉しみ

流しそうめんは5月から9月末頃までの期間限定。貴船川の増水時や雨天の場合は休止されることもあるので、必ず事前に問い合わせを。洛中に比べて気温が低いので注意が必要

「ぎをん権兵衛」のささめうどん

夏しか味わえない雅な冷やしうどん

花見小路《はなみこうじ》通のひと筋西に、切り通しという細道があり、四条通から北に上がると、何軒もの落ち着いた佇まいの飲食店が並び、祇園情緒が色濃く漂っている。

古くからこの道筋に暖簾《のれん》を上げている「ぎをん権兵衛」は、その名が示す通り、花街《かがい》祇園に愛され続けている蕎麦屋で、観光名所化したような行列店とは一線を画す店である。

赤い大きな提灯《ちょうちん》が目印。さすがに時分どきには短い列が出来るが、一時間も待つようなことはない。一歩店に入れば、そこはやはり祇園の蕎麦屋。はんなりした空気が漂う。時には舞妓さんがおちょぼ口で蕎麦を啜る、愛らしい姿に出会える。

蕎麦にうどん、丼まで品書きは豊富だが、夏に是非お奨めしたいのは、季節限定メニューのささめうどん。

ささめと聞いて思い浮かべるのは、文豪谷崎潤一郎《たにざきじゅんいちろう》の『細雪《ささめゆき》』。関西で広く親しまれているささめうどんは、この名作に由来しているとも伝わっている。

冷や麦とうどんの中間くらいの細さ。つるつると喉越しよく、淡いツユにしっかり絡むささめうどんは、祇園風情にぴたりと合う。

街なかのうどん屋とは、ひと味もふた味も違い、店に漂う空気も一緒に味わうのが、「ぎをん権兵衛」を愉しむ最大のコツ。

いくらか価格は高めに設定してあるが、その深い味わい、祇園町の佇まいを考えれば至極真っ当な値段。これが本物の京都のうどんなのである。

ささめうどん　980円（税込）。絶妙な細さのう[illegible]で、つるつる頂ける

ぎをん権兵衛（ぎおんごんべえ）

☎ 075-561-3350（予約可）
東山区祇園町北側 254 →地図 B（123 頁）

定 休 日：木曜日
営業時間：11：30 ～ LO 20：00
駐 車 場：無
カード支払：可
席　　数：座敷 30 名まで・テーブル席 8 名まで（全席禁煙）
予算･コース：1000 ～ 2000 円程度（税・サ込）

夏の愉しみ

この店で是非食べておきたいのが親子丼。京都には行列の出来る店もあるが、この店の親子丼は、それらを凌駕する味わい。ご飯少なめで頼めば、ささめうどんと両方愉しめる。ささめうどんは 7 月から 9 月上旬頃の限定

「更科よしき」の生粉打ち蕎麦

江戸風のきりっとした蕎麦

京都というのは実に不思議な街で、大抵のものは京都に入って来ると京都色に染まってしまう。人も文化も、そして食も、長い時を経る内、元の形が変わり、京都らしさを内包するようになる。

たとえば蕎麦。今でこそ本格的な蕎麦屋が洛中のあちこちにあるが、暫く前まで、京都で蕎麦と言えば、細くて茶色い麺という域を超えるものではなかった。

長く京都に於いては、〈ざる〉より〈かけ〉が幅を利かせていて、つまりは主役は蕎麦そのものではなく、温かい出汁《だし》にあった。となれば、蕎麦の香りが立ちすぎると出汁の風味を弱めてしまう。よって、香りもコシもそこそこの蕎麦が好まれて来たというわけだ。

そんな京都で江戸風のきりっとした蕎麦が食べたいと思っても、なかなか叶わなかったのが、近年ようやく願いを叶えてくれる店が出来た。富小路《とみのこうじ》通三条下ルに暖簾《のれん》を上げる「更科よしき」がその代表格。

夏場にこの店で初めて生粉《きこ》打ち蕎麦を食べた時、その清新な味わいに驚いたことは今でもはっきりと覚えている。新蕎麦前の時期にこれほどの蕎麦を、量目もたっぷりと、しかも適価で供するには、生半可な志で出来るものではない。長い行列の末に、僅かな量の蕎麦しか出て来ない店には無い、穏やかな空気がこの店には流れている。

江戸風の小天丼とセットにすれば更に満足度は上がり、夏バテも吹っ飛ぶ。京都で江戸風の生粉打ち蕎麦なら「更科よしき」が一番のお奨め。

生粉打ち蕎麦　1005円（税込）。蕎麦粉のみで仕上げた白めの蕎麦

更科よしき（さらしなよしき）

☎ 075-255-9837（予約可）
中京区富小路通三条下ル朝倉町536富小路マンション1階→地図B（123頁）

定休日：日曜日
営業時間：11：30～最終入店19：00
駐車場：無
カード支払：不可
席数：カウンター5席・テーブル席10名まで
予算・コース：805円～（税・サ込）

夏の愉しみ

生粉打ち、すなわち十割蕎麦を通年出す店ながら、妙なこだわりや気取りはなく、メニューも豊富で、カレー南蛮や納豆そばなども。季節によって種類の変わる天ぷらも愉しみ

「冨美家」の冷麺

都人のオアシス

とりわけ麺類に多いのだが、地域によって同じ品書きでも中身がまったく異なるものがある。よく知られているのが〈たぬき〉。関東だと揚げ玉の入った蕎麦を言うようだが、京都だときつねの餡かけになる。同じ関西でも大阪はきつね蕎麦のことをたぬきと呼ぶようだ。

地域を問わず、一般的に冷麺と言えば韓国料理のそれを指すことが殆どだろうが、京都で冷麺と言えば冷やし中華を指すのが一般的である。

茹でた中華麺を真ん中に置き、周りに具材を並べる。甘酸っぱいタレがたっぷり掛かり、添えられた辛子を付けながら食べる。夏の風物詩とも言え、冬の牡蠣《かき》フライと並んで、夏の冷麺は、二大〈始めましたモノ〉と呼ばれている、かどうかは知らないが。

その冷麺、他所で言うところの冷やし中華を、初めてこの店で食べたと言う京都人は少なくないだろうと思う。かつては錦《にしき》市場の中にあって、都人のオアシスともなっていた「冨美家」。今では場所も移転してモダンな造りになっているが、以前の店は表のショーケースにずらりとサンプルメニューが並ぶ、親しみやすい店だった。

店の佇まいは変わっても、冷麺の旨さは変わることがない。麺の周りには三枚肉を使った焼き豚や千切り胡瓜が並び、真っ赤な紅しょうがが彩りを添える。錦糸卵もたっぷりと天盛りにされ、麺に絡めながら食べると、爽快な後口を残す。

しっかりとボリュームもあり、ひと皿で充分満足出来る。麺と具を食べ終えて、ガラス皿に残ったツユを一滴残さず飲み干す。これが京都の冷麺だ。

焼豚冷麺　690円（税込）。焼き豚・胡瓜・錦糸卵・紅しょうが・ねぎの定番が嬉しい

冨美家（ふみや）

☎ 075-222-0006（予約不可）
京都市中京区堺町通蛸薬師下ル菊屋町 519
→地図 B（123 頁）

定休日：年中無休（1月1、2日は休）
営業時間：11：00～LO 平日 16：30・土日 17：00
駐車場：無　カード支払：不可
席　数：カウンター 8 席・テーブル席 30 名（全席禁煙）
予算・コース：600 円～（税・サ込）
他店舗：大丸京都店・高島屋京都店・高島屋洛西店
阪急うめだ本店・阪神梅田本店

夏の愉しみ

焼豚冷麺以外にも、夏季限定の甘党メニューも豊富に揃い、かき氷やあんみつなども人気を呼んでいる。温かいうどん類も、独特の甘い出汁で京都人好みの味

「芙蓉園」の冷やし担々麺

裏路地にある中華の名店

京都で美味しい店を探そうとして、ひとつの目安となるのが裏路地の店。全部が全部というわけではないが、おおむね、京都で美味しいものをとなれば、広い表通りより、目立たぬ細道や路地裏を探すのが早道。中でも繁華街の中心部から少し離れた場所。たとえば四条河原町《かわらまち》。いくらかその勢いに衰えは見えているが、京都の繁華街と言って、真っ先にその名が挙がるのが四条河原町。デパートを核として多くの店がひしめき合っている。有名無名合わせて無数の飲食店もしのぎを削っている。そんな四条河原町から三筋下がって東に入ると、芳《こう》ばしい匂いが漂って来て、元を辿ると「芙蓉園」に行き着く。ビルの一階にあって、「芙蓉園」と書かれた赤いサインボードが無ければ、通り過ぎてしまいそうに目立たぬ店構え。気軽な雰囲気ながら、古くから中華料理の名店として、食通の間ではよく知られている。

入口近くにはテーブル席。奥に厨房が見え、カウンター席で仕切られている。昼時は近所の馴染み客で大いに賑わうが、行列が出来たりしないのが好ましい。

皮から手作りする春巻、むっちりとした歯応えの小ぶりの焼売《シュウマイ》、パラリとした炒飯《チャーハン》、あっさり揚がった鶏の唐揚げ。普通の中華料理が普通に美味しい。当たり前に見えて、これがなかなか難しい。夏ともなれば、冷やし担々麺が一番人気。

細打ちの平麺は自家製。胡麻の香りが効いた、ほどよくスパイシーなスープが麺にしっかり絡んで、爽やかな味わい。途中で肉味噌を崩し、細切り胡瓜を和えて食べると、濃密な旨みが加わる。夏には格好のひと皿だ。

冷やし担々麺　900円（税別）。夏こそ辛い麺を

芙蓉園（ふようえん）

☎ 075-351-2249（予約可）
下京区河原町四条下ル三筋目東入→地図 B（123 頁）

定休日：火曜日・水曜日
営業時間：昼 12：00 ～ 14：00
　　　　　夜 17：30 ～ 21：30（最終入店 20：30）
駐車場：無　カード支払：不可
席　数：カウンター 4 席・テーブル席 10 名・2 階座敷約 30 名
　　　　（1 階禁煙・2 階喫煙可）
予算・コース：昼夜とも 4000、5000、6000 円のコース有（税・サ込）

夏の愉しみ

中華料理店には珍しく、季節変わりのメニューがあり、2ヶ月ごとにお奨め料理が品書きに載る。冷やし担々麺以外にも、冷麺が5月から9月末まで

「Ｂ·ｉｓｔｒｏ ｗａｒａｋｕ」の炙り鱧の冷製パスタ

洋と和の融合を冷製パスタに見る

あまり知られていないが、京都は九つの姉妹都市と提携していて、フィレンツェやプラハ、西安《シーアン》など、京都とよく似た歴史都市の名が並んでいる。その中で最も古くから姉妹都市提携を結んでいるのがパリ。

パリから来た観光客が、故郷とよく似た風景だと言って、好んで歩くのが京都府庁から南に伸びる道筋。片側二車線の道路の両側に街路樹が植わり、その両側に側道がある。たしかにそう言われれば、京都には珍しい光景だ。国の重要文化財にも指定されている、ルネサンス様式の京都府庁旧本館と向かい合うように建つビルの二階にある「Ｂ·ｉｓｔｒｏ ｗａｒａｋｕ」からは、窓越しにパリとよく似た、その風景を眺めることが出来る。

そんな府庁前の次なる展開は、鉄板コーナーを備えた四条 柳馬場《やなぎのばんば》店。四条通からも近く、アクセス至便。夜遅くまでオープンしているので、使い勝手もいい。

自家菜園や洛北大原《おおはら》産の野菜をふんだんに使いながら、殊更に京野菜を強調することもないのが好ましい。大原の柴漬けをアクセントにしたポテトサラダや、九条ねぎと鴨のペペロンチーノなど、京都らしい定番メニューも並ぶが、夏限定の冷製パスタは是非とも食べておきたい。

京の夏には欠かせない食材である鱧を炙《あぶ》り、細打ち麺の上にたっぷり載せる。スライスしたオクラと穂紫蘇をあしらって彩りも涼やか。

和のイメージが強い鱧だが、何ほどの違和感もなく、きりりと冷えた白ワインに実によく合う逸品に仕上がっている。街並みも食も、洋と和が見事に融合するのが京都という街。

炙り鱧の冷製パスタ　1390円（税込）。夏しか食べられない贅沢パスタ

Bistro waraku 四条柳馬場店（びすとろわらく）

☎ 050-5868-0898・075-212-9896（予約可）
中京区柳馬場通四条上ル瀬戸屋町 470-2 錦柳ビル 1 階
→地図 B（123 頁）

定 休 日：年中無休
営業時間：平日・土 17：00 ～ 26：00（LO 25：30）
　　　　　日祝 15：00 ～ 24：00（LO 23：30）
駐 車 場：無　**カード支払**：可
席　　数：カウンター 10 席・テーブル席 50 名
予算･コース：予算 4000 円程度（税・サ込）
他 店 舗：Bistro waraku 府庁前本店・バルワラク（七条烏丸）

夏の愉しみ

四条柳馬場店はオープンキッチンスタイルになっているので、カウンター席もお奨め。目の前の鉄板で仕上げるメニューは、時に炎が上がり、豪快なライブ感も愉しめる。夏は、旬の食材を使った冷製パスタがお奨め

夏のスタミナ料理

京都の食。様々に誤解されているが、その最たるものが、京の薄味だろうか。懐石料理の椀ものに象徴される、澄み切った色合いからの想起だろうが、なべて京都の料理は、精進料理のごとく淡白な味わいなのではなく、むしろ濃密な味付けを為される料理も決して少なくなく、したがって、夏のスタミナ源としても、格好の食が洛中のあちこちに潜んでいる。

夏と言えば鰻《うなぎ》。川魚料理を得意とする京都にとって、鰻料理はお手のもの。多くが江戸風の焼き方で、工夫を凝らした調理法で客を待ち受けている。

揚げものもまた、夏にはふさわしい。どこにでもあるように見えて、串揚げや天丼にも

京都らしさが加わる。

食欲の落ちる夏場でも、辛い料理なら食指が動く。一見すると京都には不似合いに見える激辛料理も、食べて納得。これもまた、京都ならではの味わい。今や日本の国民食とまで言われるようになったカレーでさえ、どことなく京都の香りを含んでいるようだ。

そして夏を乗り切るスタミナ食と言って、忘れてならないのは肉。

京都で肉と言えば牛肉。京都人の牛肉好きは筋金入り。古く文明開化の頃から、旨い牛肉に舌鼓を打って来た都人。

それには京都の位置が大いに関係し、神戸ビーフ、近江《おうみ》牛、松阪《まつさか》牛と、日本三大名牛の産地に囲まれているのが京都。これを僕は、名牛トライアングルと呼んでいる。

身近に旨い肉があったことで、舌が肥え、自然と牛肉料理が洗練され、発達して来た。酷暑に負けない京の味だ。

「串あげ あだち」の串揚げ

夏はビールとともに京都らしい串揚げを

遠来の友人を串揚げに誘うと、─ソース二度漬け禁止って言うアレね─としばしば言われる。あれは大阪の串カツ。僕が好きなのは串揚げだと言うと、大抵は怪訝《けげん》な顔付きで、幾度か首を傾げる。だが、実際に店に行って、食べ始めると笑顔に変わり、次々と串を重ねていく。

無論のこと、大阪にも串揚げ屋はある。と言うより本家は大阪。だが、これが京都に伝わると、どことはなしに、はんなりとした食べものに変わるから不思議だ。

二度漬け禁止の串カツは至ってシンプルで、一種類のソースを皆で共有する。これに対して串揚げは殆どがおまかせコーススタイルで、一本ずつ揚げられる串揚げを、指定されたタレやソース、塩で食べる。時には最初から味が付いていてそのまま食べる。見た目も味も変化があるので、飽きずに食べ進めることが出来る。

拙宅の近所にある「串あげ あだち」には季節を問わず、何年も通い続けているが、やはりその旨さが際立つのは夏。

とうもろこしのかき揚げ、枝豆のコロッケなど、夏野菜もひと手間を掛ける。万願寺の肉巻き、サーモンクリームチーズと合わせ技も美味しく、生ビール片手に串をつまめば際限なく食べられそうな気がする。定番の海老や牛ロース、豚ヒレ、骨付き鶏は安定した旨さ。合間に出て来る季節ものに目を細め、〆は餅かおこわ。二十本は軽い。

気軽な雰囲気の店で手頃な価格ながら、よくよく考えれば会席コースと似たような構成の料理。夏の京都にはふさわしい店だ。

おまかせコース　20本3800円（税込）より、いちじく生ハム巻き・松茸の鱧巻き・万願寺の肉巻き・枝豆のコロッケ・うにいか・とうもろこしのかき揚げ

串あげ あだち

☎ 075-411-1100（予約可）
北区小山東大野町39足立ビル1階→地図F（125頁）

定休日：木曜日・年末年始
営業時間：17：30～22：00
駐車場：無
カード支払：可
席　数：カウンター15席・座敷6名・テーブル席4名（喫煙可）
予算・コース：おまかせコース（串20本）3800円・串御膳（串13本・ご飯・味噌汁・デザート付）2500円など（すべて税・サ込）
※おまかせは本数を選べる

夏の愉しみ

夏場は鱧や鮎などとともに、枝豆、万願寺などの夏野菜も串ネタになる。チーズ入りハンバーグやサーモンクリームチーズ、ベルギーウィンナーといった定番も人気

「松乃鰻寮」のうスープ

暑い夏に頂く〈うスープ〉の贅沢

夏には鰻《うなぎ》。これほどに相性のいい取り合わせも、そうそうあるものではない。土用の丑《うし》には鰻を、などと平賀源内《ひらがげんない》が言わなかったとしても、夏の日本に鰻を焼く匂いは溢れていただろう。

鰻はしかし、ただ蒲焼きだけにあらず。一風変わった調理で、夏の暑さをしのぐ食べ方があり、しかもそれを涼風吹き抜ける座敷で食べられるというのだから嬉しい限り。

叡山《えいざん》電鉄出町柳《でまちやなぎ》駅から鞍馬《くらま》線に乗り、岩倉《いわくら》駅の次の駅、木野《きの》駅で降りる。線路に沿って東に少しばかり歩くと、豪壮な屋敷然とした建屋が見えて来る。これが「松乃鰻寮」。陶芸家上《うえ》田《だ》恒次《つねじ》設計の民藝建築。

石畳の奥には寺の山門を思わせる門があり、大きな白暖簾《のれん》に〈鰻〉の一文字が染め抜かれている。暖簾を潜り、石段を上り、玄関で靴を脱いで座敷へ。設え、調度。目に入るもの全てが本物の民藝。

質実にして美しいそれらに触れながら味わう鰻。まずは目にも涼やかな鰻の湯引き。鱧《はも》と同じく梅肉でさっぱりと食べる。川魚特有の匂いなどはまるで無く、品格のある風味に誰もが驚く。この後はもちろん鰻重でもいいのだが、この店名物の〈うスープ〉をお奨めしたい。

炭火焜炉《こんろ》に載せられた土鍋の中は、ぐつぐつと煮え立ち、芳《こう》ばしい香りが辺りに漂う。具は白焼き鰻とねぎ。シンプルな構成だけにその旨さが際立つ。主役のスープは滋味深く、清冽な味わいが五臓六腑に染み渡る。じわじわと額に滲む汗は、洛北の涼風に当たればすぐに引っ込む。

夏の鰻。京の奥座敷ならではの味わいは涼を呼ぶ。

うなべコース　6000円（税別）より、〈うスープ〉。最後は雑炊で

松乃鰻寮（まつのまんりょう）

☎ 075-701-1577（不定休のためできるだけ予約を）
左京区岩倉木野町 189 →地図 K（126 頁）

定 休 日：不定休
営業時間：12：00 ～ 21：00（LO 19：30）
駐 車 場：有（8 台）　**カード支払**：可
席　　数：広間 35 名まで・2 階テーブル席 12 名（全席禁煙）
予算·コース：うなべ 6000 円～・15 時までのおきまりコース 6000 円～・鰻重 5700 円～・う会席 14000 円～（すべて税・サ別）
他 店 舗：祇をん松乃（南座東四軒目）

夏の愉しみ

土用の丑の日など、〈うスープ〉が出来ない日もあるので注意が必要。「祇をん松乃」限定の鰻せいろ蒸しも一度は食べてみたい逸品。夏には汗をかきながら熱々を食べるのも一興

「点邑」の天丼

夏に食べたくなる西の天丼

食べものの東西。よく比較されるのは寿司、鰻《うなぎ》、天ぷら、すき焼き、うどん、蕎麦などなど。東京で食べるそれと上方とでは、少なからず味付けや調理が異なり、好みが分かれる。うどんやすき焼きは西に軍配が上がるが、他はおおむね東が優勢だ。分けても天ぷら、それも天丼となれば東京風のそれに、とてもじゃないが敵わない。

白々とした衣ではなく、黄金色に染まった衣、黒々とした丼ツユに浸した天ぷらを、ご飯と一緒にかき込むと至福の味わい。

ゆえに、京都で天丼を食べることなど無かったのだが、この「点邑」の天丼に出会ってからは宗旨替えし、時折、無性に食べたくなって暖簾《のれん》を潜る。

揚げものに旬があるとしたら、やはり夏ではなかろうか。ビールとの相性もよいせいか、夏の揚げものは殊の外美味しい。東京風と京風のちょうど真ん中に位置するような天丼。熟達の職人が目の前で丁寧に揚げた天ぷらが供される。

からりと揚がった天ぷら。海老は海老、野菜は野菜。素材そのものの味わいをきちんと残しながら、ちゃんと天ぷらになっているのが嬉しい。丼ツユも濃過ぎることなく、薄過ぎることもない。ご飯によく合う味。良質の油を使っているからだろう。後から胃にもたれるなどということは、ただの一度もない。

元々が、日本一の名旅館「俵屋《たわらや》」の客に向けて開かれた店だけに、たとえ一杯の天丼であっても、客の居心地を慮《おもんばか》る。実に清々しい夏の天丼である。

天丼　2310 円（税込）。単品は昼のみ

点邑（てんゆう）

☎ 075-212-7778（要予約）
中京区御幸町通三条下ル海老屋町 324-1（移転前）
中京区麩屋町通三条上ル→地図 B（123 頁）

定休日：火曜日
営業時間：昼 11：30 〜 LO13：30　夜 17：30 〜 LO21：00
駐車場：無
カード支払：可
席　数：カウンター 10 席・個室 2 部屋（全席禁煙）※移転後
予算·コース：天丼は昼 2310 円·夜の天ぷらコース 9180 円〜（税·サ別）
※移転前後の詳細は店舗に要問い合わせ

夏の愉しみ

1994 年から長く御幸町三条に店を構えていたが、2015 年 8 月より、俵屋のある通り、麩屋町通三条上ルに移転オープン

「ビフテキスケロク」のビフテキ

魔法のステーキ

僕が子供の頃だから、五十年以上も前のこと。たとえば誕生日だったとして、何を食べたいかと母に訊かれれば、迷うことなく、ビフテキ！と答えた。他にどんなご馳走があるのか知らなかった、ということもあるが、牛肉のステーキというのは家で食べられないプロの料理で、かつ高価な贅沢品だということは、子供ごころにも分かっていた。

もちろん今もビーフステーキがご馳走であることに変わりはないのだが、当時のビフテキは少しくイメージが今と違い、ただステーキだというだけでなく、何か魔法を掛けたような特別な料理だった。

今では、ステーキをオーダーすると、やれA５だとかどこの産だとか、牛肉の素性を明らかにし、焼き方もレアがいいかミディアムがいいかとか訊かれる。だが往時のビフテキは注文すれば、決まったものが出て来た。

「ビフテキスケロク」で出されるそれは、まさにその頃と同じ魔法が掛かったビフテキ。鉄板の上でじゅうじゅうと、音と湯気を上げ、周りに芳《こう》ばしい香りを振りまく。

付け合わせを枕にして横たわるビフテキ。まずは端っこをナイフで切ってそのまま口に運ぶ。―やわらかーい―なんていう今ドキのお決まりのセリフなど出て来るはずもなく、噛むごとに肉の旨みが口に溢れる。次は溶かしバターを塗って食べる。これぞビフテキ。三切れも食べれば、思わず笑みがこぼれる。えも言われぬ陶酔感と幸福感。そう、ビフテキは昔も今も、幸せを招く魔法の料理なのである。

ビフテキ　ロース 120g　3500 円～（税別）。サラダ・付け合わせも昔ながらの美味しさ

ビフテキスケロク

☎ 075-461-6789（予約可）
北区衣笠高橋町 1-26 →地図 G（126 頁）

定 休 日：木曜日
営業時間：昼 11：30 ～ 14：00
夜 17：30 ～ 20：30（LO 20：00）
駐 車 場：無
カード支払：不可
席　　数：テーブル席 16 名（全席禁煙）
予算･コース：ランチ 1400 円～・夜 洋食 2000 円～・ビフテキ 3500 円～。予算に応じて相談可（すべて税・サ込）

夏の愉しみ

ビフテキ以外にも、洋食メニューが豊富。海老フライやハンバーグ、クリームコロッケなどの定番とビフテキを組み合わせたコースも魅力。夏なら冷製スープのヴィシソワーズがお奨め（梅雨頃から9 月末まで）

「モリタ屋」木屋町店のオイル焼き

川床で頂く牛肉のオイル焼き

京の夏の風物詩と言って、誰もが真っ先に思い描くのが床店。大きく二ヶ所。ひとつは鴨《かも》川《がわ》。今ひとつは貴船《きぶね》。前者は川床と書いて〈かわゆか〉と読み、同じ字だが、貴船は〈かわどこ〉と読む。

貴船は京の街の奥座敷的な存在だから、床の間に倣《なら》って、とこ。一方で鴨川の方は高床式に設えるから、ゆか。そういう説もあれば、席が川に近い貴船を、とこ、と呼び、川から離れた鴨川の席を、ゆか、と呼んだという説もあって、どちらが正解か、と言うより、そんなことを話題にしながら、夏の暑さを忘れて酒食を愉しむのが、正しい床店の過ごし方。

洛中を流れる鴨川。いくら川風が吹くとは言え、街なかの暑さはそのまま残る。気温としては路上とさほど変わらず、物理的には床店だから涼しいわけはないのだが、日暮れて鴨川の床店に繰り出すと、不思議と涼やかに感じる。だからこそ、真夏に火を囲んで肉を焼いても平気でいられるのだ。

木屋町《きやまち》三条を上がったところにある肉の名店「モリタ屋」の床店でオイル焼きに舌鼓を打つ。夏ならではの愉しみである。まずはビールで渇いた喉を潤し、鉄板の上で焼かれた牛肉を頬張る。噛むほどに肉の旨みが口の中に溢れ出し、夏の疲れを吹き飛ばしてくれる。黄味おろしで食べる肉はあっさりとしていて、いくらでも食べられそうな気がする。食べ進むうち、額にうっすらと滲む汗すら爽やかに感じるのは床店の効用か。

夏こそ肉。川面に映る夜景を見下ろし、旨し肉を食らう喜びは鴨川ならではのこと。

オイル焼き　特選　8100円（税込）。野菜各種・黄味おろしとともに

モリタ屋 木屋町店（もりたや）

☎ 075-231-5118・0120-77-0298（予約可）
中京区木屋町三条上ル上大阪町 531 →地図 B（123 頁）

定 休 日：年末年始（12 月 31 日・1 月 1 日）
営業時間：平日昼 11：30 ～ 15：30（LO 14：30）
　　　　　平日夜 17：00 ～ 23：00（LO 22：00）
　　　　　土日祝 11：30 ～ 23：00（LO 22：00）
駐 車 場：無　カード支払：可
席　　数：座敷約 100 名（禁煙・喫煙両席有）
予算・コース：5702 円～（税・サ込）
他 店 舗：四条猪熊本店・ジェイアール京都伊勢丹店

夏の愉しみ

鴨川の納涼床は 5 月 1 日から 9 月 30 日まで行われる。納涼とは言え、真夏の昼間は暑さに注意が必要。盛夏は陽が落ちてから繰り出すことをお奨めしたい（川床は木屋町店のみ）

「柳園」のカレーラーメン

食欲不振を吹き飛ばすカレー＋ラーメン

京都人のカレー好きは今に始まったことではない。喫茶店カレーから専門店まで、旨いカレーを出す店が、今も昔と変わらず洛中に溢れている。そのバリエーションとしてのカレーうどんも、多く名店を輩出し、観光客が行列を為す店も少なくない。

一方で京都は、ラーメン王国としても知られ、全国にその名を轟《とどろ》かせる店もあり、洛北の〈ラーメン街道〉には人気店が軒を連ね、しのぎを削っている。カレーもラーメンも、ある意味での京都名物。

でありながら、その合体料理であるカレーラーメンを出す店が存外少ないのは、なんとも寂しい限り。ラーメンとカレー。相性は抜群だと思うのだが。

名刹相国寺《しょうこくじ》の西門近くにある「柳園」は、さりげない街の中華屋さんだが、ここのカレーラーメンは、わざわざ足を運ぶ価値があるほど美味しい。

鶏ガラの味が効いた、どろりとしたカレー餡のスープに、中細のストレート麺。具はチャーシューとほうれん草、茹で玉子、メンマなどなど。

熱々にもほどがある。そう言いたくなるほどに熱いスープは、猛暑を吹き飛ばす迫力。熱さと辛さで汗みどろになりながら、麺の一本、スープの一滴も残さず食べ切れば、ふつふつと力がみなぎって来る。

餃子も酢豚も唐揚げも、どれもが手作りで美味しい店。行列が出来るようなことはなく、いつも馴染み客で賑わっている。京の本物はこういう店に潜んでいる。

カレーラーメン　750円（税込）。手打ちの麺にカレー餡が絡む

柳園（りゅうえん）

☎ 075-432-1896（予約可）
上京区烏丸通上立売上ル柳図子町 334 →地図 F（125 頁）

定休日：日曜日・祝日
営業時間：昼 11：30 ～ 14：00　夜 17：00 ～ 20：30
駐車場：有（2 台）
カード支払：不可
席　数：テーブル席 36 名（全席禁煙）
予算・コース：600 ～ 1000 円程度（税・サ込）

夏の愉しみ

カレーラーメンは夏だけでなく、年中食べられる。夏限定の冷麺と、カレー焼飯を組み合わせるという手もある。大蒜《にんにく》を使わない餃子も人気メニュー

「ビィヤント」のチキンカレー

京都カレーのスタンダード

なぜ京都には美味しいカレー屋が多いかと言えば、それは多くの需要があったからだと言わざるを得ない。そしてその需要を作り出しているのは、古くは職人、後の学生たちである。満腹感、満足感ともに高く、値段も手頃で、かつ手早く食べられる。京都の伝統工芸を支える職人にも、京都の文化伝承を担う学生にも、格好の食事となったのがカレーライス。職人の街、西陣《にしじん》界隈の喫茶店には多く名物カレーがあり、大学の近くにはカレーの名店が点在する。それは今も昔と大きく変わることがない。

京都大学のすぐ近くに店を構える「ビィヤント」は、カウンターのみの小さな店ながら、京都のカレー好きからは一目置かれる存在。

この店でいつも迷うのはビーフの辛口かチキンの甘口か。カツを載せるか載せないか。お腹の減り具合にもよるが、カツカレーだと辛口ビーフ。シンプルにいく時は甘口チキン。

ターメリックライスにチキンカレーがさらりと掛かる。甘口とは言っても、お子様向けのそれとは違い、複雑極まるスパイシーな味わい。インドカレーらしい香りを愉しむにはこれが一番。

半分ほど食べたところで、薬味の紅しょうがをカレーに混ぜる。これが実にいいアクセントになって、インドからいくらか和風になって、後口を爽やかにしてくれる。

初めてこの店を訪れた時から、カウンターの中で調理を仕切る妙齢のご婦人はずっと変わることなく、バイト学生らしきスタッフにてきぱきと指示する姿は矍鑠《かくしゃく》として、頼もしい。カレーと言えば「ビィヤント」。これが京都スタンダード。

チキンカレー　720 円（税込）。薬味は福神漬け・紅しょうが・ピーマン漬けの 3 種

ビィヤント

☎ 075-751-7415（予約不可）
左京区東大路通丸太町上ル東側聖護院西町 12
→地図 D（124 頁）

定 休 日：土曜日
営業時間：11：00 ～ 22：00（LO 21：45）
駐 車 場：無
カード支払：不可
席　　数：カウンター 10 席（禁煙）
予算･コース：1000 円程度（税・サ込）

夏の愉しみ

一度食べたらクセになる味で、後から辛さが効いてくるタイプのカレー。店のある聖護院は京土産の定番菓子、八ッ橋発祥の地。デザート代わりに近くの八ッ橋店に是非とも

「中国料理ワンワン」の揚げ鶏の辛子ソース

夏に食べたい旨みのある辛さ

京都の中華料理は主に広東《カントン》料理を芯として、独自のスタイルを築いてきた。ある意味で〈京都中華〉というジャンルを作ったと言えなくもないが、それはただ、あっさりした味付け、という枠に留まるものではなく、京都の空気に寄り添うようにして創り上げて来たオリジナル。花街《かがい》の近くに暖簾《のれん》を上げる店は、芸妓や舞妓の仕事に差し支えぬよう、大蒜《にんにく》はもちろん、匂いの強い香辛料は控えて来た。

一方で、カレーをはじめとする洋食と同じく、職人や学生たちの胃袋を満たし、舌を喜ばせる為に、濃いめに味付けし、値頃な中華屋も街のあちこちに点在している。

両者には明確な区別があるわけではなく、多くは折衷型で、広東料理をベースにしながらも、時に四川《シセン》風の味付けだったり、北京《ペキン》風のメニューを加えたりもする。

僕が子供の頃には「大三元」や「平安楼」など広東料理の名店が何軒もあり、どの店も常に賑わっていたが、おそらくは後継者難だったのだろう。相次いで姿を消した。

おぼろげな記憶ながら、それと似たような味わいの中華屋は今もあって、上賀茂《かみがも》の「中国料理ワンワン」もその一軒。

品書きを見て、大いに迷う店だが、夏ならまずこれ。衣を付けた鶏をじっくり揚げて、野菜たっぷりの唐辛子餡が掛かる。ただ辛いだけではなく、旨みが後に残る辛口ソース。皿の上の佇まいもどこか懐かしい。辛いだけの料理なら他の店にいくらもある。味わい深く、こころに沁み入る中華料理となると、まずはこの店を挙げたい。

揚げ鶏の辛子ソース　980円（税込）。
さくっと揚がった鶏に野菜たっぷりの餡が掛かる

中国料理ワンワン（ちゅうごくりょうりわんわん）

☎ 075-721-3450（予約可）
北区上賀茂朝露ケ原町 30-19 玉屋ビル 1 階
→地図 E（124 頁）

定 休 日：月曜日・火曜日（祝日の場合は営業）
営業時間：17：30 ～ 21：00（LO 20：45）
駐 車 場：有（5 台）
カード支払：不可
席　　数：カウンター 6 席・テーブル席 8 名・円卓 4 卓（禁煙・喫煙両席有）
予算·コース：おまかせコース 3500 円～（税・サ込）

夏の愉しみ

〈揚げ鶏の辛子ソース〉は通年メニュー。夏限定の冷麺を愉しみに待つ常連客も少なくない。綺麗な羽根が付いた焼き餃子や、さっぱり塩味の広東風焼きそばなど、どれも美味しい

「駱駝」の麻婆豆腐

辛口麻婆豆腐で暑気払い

僕には時折、無性に食べたくなる料理があって、そのひとつが麻婆豆腐。普段はまったくと言っていいほど、頭の中に無いのに、ひと度これが浮かぶと、もう居ても立ってもいられない。そんな時に、どこの店を選ぶかは極めて重要である。京都に麻婆豆腐を出す店は、数限りなくある。中でその味を覚えているのは十軒ほどだろうか。そこから選抜していく。今、自分が食べたいのはどの店の麻婆豆腐か。大抵は消去法。そして最後に残るのは決まってこの店。北白川《きたしらかわ》の住宅街にある「駱駝」。店の構えは中華というよりアジアっぽい雰囲気。僕が初めてここで麻婆豆腐を食べた時から、果たして何年経っただろうか。今や行列の絶えない人気店なので、時間を選ぶ必要がある。

僕は本場で食べた経験が無いから、これが本格的なのかどうかは分からない。だが僕にとって麻婆豆腐と言えば、この店のそれ。

圧倒的な迫力で迫るビジュアルにまずは誰もがたじろぐ。皿一面が黒褐色に染まる。白い豆腐は遠慮がちに顔を覗かせる。一刻も早く食べよと料理が急かす。

滑らかな舌触りの、大きめに切られた豆腐。しっかり歯応えを残した多めのひき肉。花椒《かしょう》の辛さと香りが効いた麻婆餡には、ラー油の香ばしさも相まって、えも言われぬ味わい。いくらか濃いめの味付けで、ご飯にもお酒にもよく合う。

食べ終えて汗だくになった顔をタオルで拭うと、さっぱりとした爽快感が身体にまで広がる。暑気払いには格好の辛口麻婆豆腐だ。

麻婆豆腐　1500円（税込）。ランチセットも有

駱駝（らくだ）

☎ 075-781-0306（予約可）
左京区北白川瀬ノ内町 27-4 →地図 D（124 頁）

定 休 日：月曜日・第 1 火曜日（祝日は営業）
営業時間：昼 11：30 ～ LO 14：00
　　　　　夜 17：30 ～ LO 21：00
駐 車 場：有（3 台）
カード支払：不可
席　　数：カウンター 9 席・テーブル席 5 名（全席禁煙）
予算･コース：ランチ 1000 ～ 1600 円・セットメニュー 1200 ～ 2850 円（すべて税・サ込）

夏の愉しみ

カウンター席があるので、ひとりでも入れるのが嬉しい。麻婆豆腐はもちろん夏だけでなく、年中食べることが出来来、他にもセットメニューがある

「天壇」祇園本店の焼肉

これぞ京都の焼肉

京都に限ったことではないのだろうが、近年の焼肉店増加は著しいものがある。一頭買いを旗印にし、本格を謳《うた》う高級店から、食べ放題を売りにする廉価店まで。街を歩けばそこかしこに焼肉店を見付けることが出来る。

何が原因でこうなったのかは分からないが、僕が若い頃の京都には焼肉店など滅多に無く、あったとしても家族連れやカップルで気軽に行ける店など無いに等しかった。唯一この「天壇」を除いては、だ。

無論他にもあったのだろうが、京都で焼肉と言えば「天壇」。その思いを共有出来る京都人は決して少なくないだろうと思う。

今では祇園四条と名を変えた、京阪《けいはん》電鉄の四条駅近くに建つ「天壇」で、僕は焼肉の旨さを教わった。すき焼きでもなく、ステーキでもない焼肉。この店で初めてロースを食べて、その旨さに驚き、白菜キムチを口にして、そのあまりの辛さに目を回した。

それから半世紀近くが経ち、どんなに多くの焼肉店が出来ようとも、「天壇」の輝きは失せるどころか、いぶし銀のように落ち着いた光を輝かせている。それを象徴するのが〈黄金のタレ〉と呼ばれる付けタレ。もみタレで味付けされた肉を網で焼き、この透き通った〈黄金のタレ〉に潜らせると、さっぱりとした後口を残し、いくらでも食べられそう。

焼肉さえも、京都の街に長く正しく根付くと、店に風格が出て来る。「天壇」がその手本を示してくれている。

天壇ロースサーロイン　1080円（税込）と天壇カルビ　972円（税込）
キムチやナムルなどのサイドメニューも豊富

天壇 祇園本店（てんだん）

☎ 075-551-4129（予約可）
東山区宮川筋1丁目225 →地図B（123頁）

定休日：年中無休
営業時間：平日 17：00～24：00（LO 23：30）
土日祝 11：30～24：00（LO 23：30）
駐車場：有（50台）　カード支払：可
席　数：座敷・テーブル席合わせて約300名（禁煙・喫煙両席有）
予算・コース：コース5000円～（税・サ込）
他店舗：西院店・竹田店・山科店・宇治小倉店・草津店・三雲店・銀座店・赤坂店

夏の愉しみ

2階のダイニングフロアとは別に、3階にはバーを備えたロイヤルフロアもある。今夏（2015年）から屋上のガーデンフロアもオープン。夜風に吹かれながらの焼肉も愉しめる

「御二九と八さい はちべー」のホルモン懐石

ホルモンを懐石スタイルで

京都歩きの愉しみのひとつに、路地歩きがある。路地と書いて、多くの京都人は、〈ろーじ〉と読む。碁盤の目になった街並みをつなぐように細い路地が張り巡らされ、それらは不規則に連なり、ラビリンスの様相を呈するところも少なくない。

四条河原町《かわらまち》という、京都切っての繁華街とて、ひと筋入れば迷路のように路地が入り組み、独特の風情を醸し出す。その代表とも言えるのが柳小路《やなぎこうじ》。修学旅行生で賑わう新京極《しんきょうごく》通の一本東の細道。

ここに「御二九と八さい はちべー」というホルモン料理店があり、その名は店の隣に鎮座する八兵衛《はちべえ》明神《みょうじん》に由来する。

ホルモン料理と言っても、そこは京都。多くが思い浮かべるような脂ギトギト、煙モウモウの店ではなく、割烹《かっぽう》然とした店構えの中で、懐石スタイルで供される。

一階のカウンター席に座り、最初に出される先附《さきづけ》を見て、誰がこれをホルモンだと思うだろうか。丁寧に下拵えされた内臓肉が洗練の技で調理され、品のいい器に盛られている。その思いは口に入れても変わることなく、鮮度のいい魚介を食べているのかと錯覚するほど。

ハツ、テール、ミノ、ウルテ、ハラミ。焼きに入ってようやくそれが牛肉だと気付く。コースの最後はタンと水菜を使ったハリハリ鍋。〆に中華麺を入れて大団円。余すことなく牛の内蔵を食べ尽くすのだが、食べ終えてもその実感は薄い。なれど、ふつふつと力がみなぎって来るのが分かる。路地奥にこういう店が潜んでいるのが京都という街なのである。

左からハチノス胡麻和え・アキレス腱ポン酢和え・ハツモトの中華和え
6800円（税込）のコースより

御二九と八さい はちべー（おにくとやさいはちべー）

☎ 075-212-2261（予約可）
中京区新京極四条上ル二筋目東入柳小路
→地図B（123頁）

定休日：年中無休
営業時間：昼12：00～LO 14：15　夜17：00～21：30（最終入店）
駐車場：無
カード支払：可
席数：カウンター8席・テーブル席12名（全席禁煙）
予算·コース：夜コース6800円（税・サ込）

夏の愉しみ

店名に〈八さい〉とあるように、肉のみならず、バリエーション豊かな野菜料理も愉しみのひとつ。夏にはハラミと夏野菜のコラボ料理もメニューに上る

「ハマムラ」の焼売と春巻

京都中華、発祥の店

京都に住んでいて有難いのは、新しい店を追い掛けなくても済むことである。祖父母や父母から教わった店、自分で見付けた店、偶然出会った店。それらを順に巡るだけで、何ほどの不自由もなく、美味しい京都を満喫出来る。

新しい店が出来たと聞いてすぐに馳せ参じ、詳細をブログで紹介する人たちもいるが、多くは京都に移り住んだ人たち、あるいはそれを生業とするプロである。何ほども評価の固まっていない店であっても、目新しければいい。その言に右往左往して、新店を追い掛け、あるいは行列を作る人々は本当に気の毒なことだと思う。

開店から間を置かず、ニューオープンの店に駆け付けるのは、移転くらいのもの。例えばこの「ハマムラ」のように。

長く河原町《かわらまち》三条にあった店が、惜しまれつつ閉店してから、首を長くして待ち望んだ新店は、京都府庁のすぐ近く。カウンターメインのお洒落《しゃれ》なチャイニーズに生まれ変わった。店の佇まいは変わっても、料理の内容は昔ながらの正統派中華料理。

焼売《シュウマイ》と春巻は欠かせない。まずはこれをアテにしてビール。どちらも懐かしい味わいで、口に運ぶ度に笑顔が重なる。後は酢豚、カニ玉、辛子鶏《からしどり》などなど。〆は餡かけ焼きそば、やきめし。微塵も奇を衒《てら》わず、京都人に馴染み深い中華料理を適価で供する。伝統を正しく受け継ぐというのは、こういう店のことを言う。店名だけは京ナニガシであっても、京都とは縁もゆかりもない中華料理店とは明らかに一線を画す、至極真っ当な京都中華の店である。

焼売　600円（税込）と焼蝦捲（春巻）1000円（税込）

ハマムラ

☎ 075-221-4072（予約可）
中京区丸太町通釜座東入梅屋町175-2（府庁前）
→地図F（125頁）

定休日：月曜日
営業時間：昼11：30～14：00　夜18：00～LO21：30
駐車場：無（近隣にコインパーキング有）
カード支払：不可
席　数：カウンター11席（禁煙）・テーブル席19名（禁煙・喫煙両席有）
予算·コース：コース3000円～・飲み放題＋1500円（税・サ込）

夏の愉しみ

京都中華の伝統を受け継ぐ店ながら、紹興酒の他にワインやスパークリングワインもあり、〈飲める中華〉の顔も持つ。点心や前菜で飲んで、やきめしや焼きそば、冷麺で〆るのもいい

「梅の井」のうな重

京で頂く江戸風の鰻

土用の丑《うし》が近付き、鰻《うなぎ》が注目を集め始めると、決まって話題に上るのが、東と西の違い。背開きにした鰻に蒸しを入れてから焼くのが東。一方で西はと言えば、腹から開き直焼《じかや》きにする。蒸しが入る分、皮までやわらかくなり、ふわとろを身上とする東に対し、皮目の香ばしさと身のやわらかさの対比を愉しむ、パリフワの西。あくまで好みの問題なれど、侃々諤々《かんかんがくがく》、論を戦わせるのは愉しい。

そこで我が京都。ちょっとおもしろい傾向があって、川魚屋などで売っているのは必ず関西風なのだが、店で食べさせる鰻屋となると、なぜか関東風が幅を利かせている。

たとえば西陣《にしじん》のど真ん中。大宮《おおみや》通に暖簾《のれん》を上げる「梅の井」などがその典型で、しっかり蒸された鰻はあくまでやわらかく、濃いめに味付けされたタレが絡んで、とろけるような旨さ。〈梅の井〉の名を冠した店は他にもあるが、僕の好みはここ。火傷《やけど》しそうに熱々のご飯、付け合わせの奈良漬けも、その理由のひとつ。

鰻重の旨さというのは、ただ鰻の質や焼き方だけではなく、ご飯の炊き加減、タレのコク、肝吸いの味わいも加わってこそである。その意味でもこの店のうな重は江戸の名店にも比肩し得る上質なもの。町家然とした佇まいといい、壁に飾られた絵の品格といい、京都の鰻を代表する名店と宣することに些《いささ》かの躊躇もない。西陣という土地柄、忙しい旦那衆の気性に合わせて、長く待たせないのも好ましい。

土用の丑ならずとも、京都で鰻を食べたくなったら、まずはこの「梅の井」へ。

梅の井（うめのい）

☎ 075-441-5812
上京区大宮通寺之内上ル前之町 461 →地図 F（125 頁）

定休日：月曜日
営業時間：昼 11：00 ～ 13：30　夜 17：00 ～ 18：30
駐車場：無
カード支払：不可
席数：テーブル席 20 名（全席禁煙）
予算・コース：うな丼 1510 円・きんし丼 1620 円～・うなぎ蒲焼 2920 円～他（税・サ込）

夏の愉しみ

この店から、そう遠くない場所に裏千家の家元があり、その中にある井戸は〈梅の井〉と呼ばれ、京都を代表する名水として知られている。きっとこの店も名水を使っているはず

夏のお茶時間

夏の京都を訪れて、誰もが驚くのがその暑さ。〈熱い〉と言ってもいい。三方を山に囲まれた京都盆地に、じりじりと陽が照り付け、洛中は灼熱の都と化す。

盆地という地形ゆえ、風が通り抜けないこともあって、高い湿度が暑さを一層不快なものにする。

その高い湿度の一因となっているのが、京都盆地の地下構造。

古代、京都には海が浸入して来たこともあり、その後の地殻変動で、京都湖とも呼べるような湖となり、今それは京都盆地の地中に残されている。その水量は琵琶《びわ》湖《こ》に匹敵するとも言われる水甕《みずがめ》。京豆腐を筆頭に、その恩

恵を蒙《こうむ》っている美味は京都に数多くあるが、お茶の美味しさもこれに由来している。

お茶にせよ、コーヒーにしても、その味の基となるのは水。今も京都には井戸水を使ってコーヒーを出す店がある。汲み上げた名水で菓子を作る店がある。甘露なる水無くして、京のお茶時間は無い。

古くから京都には、喫茶店文化があり、人が集い、お茶を媒《なかだち》にして、語り合い、絆を強めて来た。その流れは今の時代にも脈々と受け継がれ、憩《いこ》いの場となっている。街歩きで疲れたなら、ためらうことなく、店に入ってひと休み。都人との触れ合いも愉しい。

あるいは甘味を求めて、宿に持ち帰ってお茶時間とするのも一興。和洋織り交ぜて、京都ならでは、夏ならではの菓子を旅先で味わうひと時は、何ものにも代え難い。デパ地下でもいいが、店を訪ねると、より一層味わいを増すのが京都。

「幸楽屋」の金魚鉢

夏の風物を閉じ込めた芸術

何でもカタカナに変えてしまう最近の傾向は、京都の和菓子をも席捲《せっけん》し、〈京スイーツ〉などという摩訶不思議な言葉でくくられることが少なくない。外来語としてのスイーツは文字通り、甘いもの全般を指し、日本語に置き換えれば甘味ということになる。

和菓子は、ただ甘味のみにてあらず。季節の細かな移ろいを形に映し、目と舌で四季を感じさせることが主体になっていて、それが甘いものだったというだけのこと。最初に甘味ありき、で始まった西洋のスイーツとは根本的に別物なのである。

とりわけ京都に於いては、茶道とも密接なつながりを持ち、和菓子は四季の句読点としての役割を担っている。そしてそれらは大まかにふた手に分かれ、ひとつは茶席で用いられる上生《じょうなま》菓子《がし》。もうひとつは町衆がおやつとして食べる和菓子。京都の和菓子店はこのふた手に分かれるのだが、両方を商う店もあって、重宝されている。

烏丸鞍馬口《からすまくらまぐち》を東に入って暫く歩くと、軒行灯《のきあんどん》を備えた和菓子の店があり、名を「幸楽屋」という。普段使いの手軽な菓子から、茶会で出される上生菓子まで、京都らしい和菓子が並んでいる。中でもこの店の名を一躍広めた〈金魚鉢〉は、その愛らしい姿を求めて大勢の客がこの店を訪れる。

形も金魚鉢そのものなら、水の中で泳ぐ金魚の姿も実によく出来ていて、まずは目で涼を感じ取る。その後はつるんとした舌触りで口で涼を味わう。これが京の和菓子。スイーツなどというくくり方をしてはいけない所以《ゆえん》である。

金魚鉢　230 円（税込）。金魚鉢と、泳ぐ金魚を象った創作菓子

幸楽屋（こうらくや）

☎ 075-231-3416（予約可）
北区鞍馬口通烏丸東入新御霊口町 285-59
→地図 F（125 頁）

定 休 日：日曜日・祝日
営業時間：9：00 ～ 18：00
駐 車 場：無
カード支払：不可

夏の愉しみ

夏の京菓子を代表する〈金魚鉢〉は 6 月から 8 月いっぱいの限定販売（要予約）。他にも夏は葛焼き（6 月下旬から 9 月中旬頃まで）も人気

「紫野源水」の涼一滴

お土産にも喜ばれる涼やかな水羊羹

その菓子屋の在り処《か》は新町《しんまち》通北大路《きたおおじ》下ル。そう聞いて、京都の茶菓子に通じている者なら、店を見なくても、大方の菓子の姿は想像が付く。

そこから南へ、数百メートルほども下れば、小川《おがわ》通の寺之内《てらのうち》。表裏、両千家が軒を並べる茶道の聖地。茶人にとって、すこぶる便利な場所にある「紫野源水」は茶席で用いられるような上生菓子《じょうなまがし》や干菓子を得意とする店。

茶席で主菓子として使われる生菓子は、大きく練切《ねりきり》ときんとんに分かれ、大方のきんとんは抽象であり、一方で練切の方は干菓子とともに具象となるのが一般的。

姿は殆ど変えることなく、彩りの変化だけで季節の移ろいを表すきんとんは、その菓銘も合わせて、イメージを膨らませることに最大の愉しみがある。

片や練切はと言えば、季節の一瞬を切り取り、精緻な形を映し込んで菓子に仕立て上げる。どちらが欠けても、茶席を彩ることは出来ない。

そんな和菓子店が作る、夏限定の涼やかな菓子。その名も〈涼一滴《りょういってき》〉は水羊羹の一種ではあるが、茶席でも充分通じるような品格のある姿と、淡い甘さで是非ともお奨めしたい逸品。

純白の磁器に流し込まれた、漉《こ》し餡の水羊羹。しばらく冷やしてから、匙《さじ》で掬って口に運べば、まさしく一服の清涼剤。寺方で供される胡麻豆腐に着想を得たという、白胡麻風味と二種類あるが、味わいに甲乙付け難く、その軽い後口のせいもあって、ついつい、ふたつ一緒に食べてしまう。食べ終えた後の器は、格好のぐい呑《のみ》になるのも嬉しい。

涼一滴　450円（税込）。小豆風味と胡麻風味の二種

紫野源水（むらさきのげんすい）

☎ 075-451-8857（要予約）
北区小山西大野町78-1（新町通北大路下ル）
→地図F（125頁）

定休日：日曜日・祝日
営業時間：9：30～18：30
駐車場：無
カード支払：不可

夏の愉しみ

和菓子にとって、菓子の銘は極めて大事な要素となる。この〈涼一滴〉などがその典型。その銘を聞いただけで涼風が吹く（涼一滴は5月連休明け頃から9月中旬までの販売）。通年販売されている銘菓〈松の翠〉もお奨めの逸品

「クリケット」のグレープフルーツゼリー

フルーツ&パーラーだからこそ味わえる贅沢なゼリー

初めてこの店のゼリーを食べた時のことは、今でも鮮明に覚えている。僕がまだ大学に通っていた頃の夏の話。夕食が終わって、さて果物でも、という時間になり、父が冷蔵庫から白い箱を出して来て、テーブルに置いた。さてはケーキかと思って見ていると、箱の中から取り出されたのはグレープフルーツ。なぜ果物がこんな箱に入っているのかと訝《いぶか》しんだ瞬間、中身はゼリーになっているのを父が自慢気に見せた。今の言葉で言えばドヤ顔。家族全員が大きな歓声を上げた。

果物のグレープフルーツだけでも贅沢な食べものだった時代。専用のスプーンを駆使して、薄皮の間の果肉を掬って食べると、爽やかな酸味と淡い甘みが口の中に広がり、おとなの味がした。そんな面倒なこともせずに、しかもくり抜いた果肉がゼリー状になっていて、皮の中に納まっている。こんな贅沢なものがあっていいのだろうか。誰もがそう思ったに違いない。

僕と同年代の京都人なら、きっと懐かしさを持って、このゼリーを味わうことだろう。似たようなものが多くある中で「クリケット」のグレープフルーツゼリーは別格。

金閣寺の少し南、平野神社の斜め向かいに建つマンションの一階に「クリケット」がある。世界の果物を美味しく味わって欲しい、そう願う店主が店を開いてから、四十年もの歴史を重ねて来た。通年味わえる商品だが、夏場になると無性に食べたくなる。

蓋を外したら残った僅かな果肉の果汁を絞って、ゼリーの上に載っているホイップクリームを混ぜながら食べる。京都の夏に「クリケット」のグレープフルーツゼリーは欠かせない。

グレープフルーツゼリー　630円（税込）。蓋の果汁を絞って頂く

クリケット

☎ 075-461-3000（予約可）
京都市北区平野八丁柳町68-1サニーハイム金閣寺1階（西大路通西側・平野神社向かい）→地図G（126頁）

定休日：火曜不定休・12月31日
営業時間：10：00～18：00（喫茶はLO 17：30）
駐車場：有（1台）
カード支払：不可
席　数：テーブル席30名（喫煙可）
予算･コース：1000円程度（税・サ込）

夏の愉しみ

この店の真向かいにある平野神社は桜の名所として有名だが、鮮やかな緑を映す夏場もお奨め。グレープフルーツゼリー（通年有）を緑陰で食べるのも味わい深い

「出町 ふたば」の水無月

京都の町衆に愛されるおまんやさん

京都通でなくても、一度や二度、京都を旅したことがあるなら、この店の名を知らないはずはないに違いない。「出町 ふたば」は行列の絶えない店として、ガイドブックやテレビなどで繰り返し紹介され、今更本書で書くまでもないと思ったのだが、それを超えて、敢えてご紹介するのは、行列の先にあるものではなく、京都の町衆がこよなく愛する、気軽な季節の菓子だからである。

先に書いたように、京都の和菓子は大きくふたつに分かれ、ひとつは茶席でも用いられる上《じょう》生菓子《なまがし》、もうひとつは市井《しせい》の人々が、季節の句読点として、ひと息つくための和菓子。後者は餅屋でも売られていて、店頭にはそれを報《しら》せる札が下がる。

その代表とも言えるのが初夏の〈水無月《みなづき》〉。六月（旧暦で言うなら五月）は水無月という別称を持つ。その末日である六月三十日に行われる夏越《なごし》の祓《はらえ》に欠かすことの出来ない菓子が〈水無月〉。

過ぎ去った半年の穢《けがれ》を祓い、残る半年の無病息災を願って食べる和菓子を〈水無月〉と呼ぶ。小麦粉ベースの生地に小豆の粒を散らし、暑気を払う氷に見立てて三角形に切る。夏越の祓から遡ること、ひと月。六月朔日はかつて氷の節句と呼ばれ、宮中では氷室《ひむろ》に保存した氷を取り寄せ、これを口にすることで暑気払いとした。市井の人々はそんな希少なものを口にすることなど、出来ようはずもなく、その代替として氷を象《かたど》った〈水無月〉を食べたという次第。季節の節日としての和菓子。その典型がこの〈水無月〉。行列店の逸品菓子である。

みな月　175 円（税込）。手前からみな月・抹茶（うぐいす豆）・黒砂糖

出町 ふたば（でまちふたば）

☎ 075-231-1658（予約可）
上京区出町通今出川上ル青龍町 236 →地図 F（125 頁）

定 休 日：火曜日・第 4 水曜日（祝日の場合は営業）・年末年始
営業時間：8：30 〜 17：30
駐 車 場：無
カード支払：不可

夏の愉しみ

都人はそれぞれ行きつけの店を持ち、季節の菓子はその店でしか買わないという律儀さを持ち合わせている。かく言う僕もそのひとりで、正月の餅でさえもここでしか買わない。〈みな月〉は 5 月から 8 月までの販売。なお、9 月から 11 月には〈栗みな月〉有

「鳴海餅本店」の水万寿

名物の赤飯と一緒に季節の和菓子を

古くからの京都人は大抵が餅好きである。大方のところでは餅と言えば正月だろうが、京都では何かと言えば餅を食べる。そのもち米を蒸したおこわや赤飯も、他所に比べて圧倒的に食べる機会が多いだろうと思う。別段、祝い事があるからというわけではなく、小腹を満たす虫《むし》養《やしな》いとして、あるいは白ご飯の代わりに、ちょっとしたおやつに、としばしば赤飯が食卓に上る。

昔は赤飯を炊く家も少なくなかったが、今では殆どが店で買い求める。中で一番人気が「鳴海餅本店」。その名が示すように、餅を使った菓子をはじめ、饅頭《まんじゅう》、赤飯など、様々な商品が店頭に並ぶが、多くのお目当ては赤飯。

本店以外にも、市内のあちこちで「鳴海餅」の看板をよく見掛けるが、これらは暖簾《のれん》分けされた別家。本店の味を踏襲しながらも、少しずつ店独自の個性を打ち出し、新たな魅力も加えている。それぞれにファンが付くものの、本店狙いの客が群を抜いて多い。

赤飯を求めて店に来たものの、ずらりと並ぶ菓子類に目を奪われ、一緒に買い求めるというのが都人の倣《なら》い。菓子は季節とともに変わり、春なら、うぐいす餅から桜餅。秋には栗餅や月見団子と、四季の訪れを教えてくれるのが京の和菓子。

夏場の人気は水羊羹や〈葛万寿《くずまんじゅう》〉。そしてこの店ならではの〈水万寿〉。透き通った生地に透けて見える色とりどりの餡が如何にも涼しげ。

こしあん、チェリー、抹茶、レモン、あんず、と五色が並ぶ。どれを選ぶか店先で悩む姿も、この店の夏の風物詩になりつつある。

水万寿　162円（税込）。
写真は上から時計回りにレモン・チェリー・抹茶・こしあん・あんず

鳴海餅本店（なるみもちほんてん）

☎ 075-841-3080（予約可）
上京区下立売通堀川西入西橋詰町283（下立売堀川西南角）→地図F（125頁）

定休日：不定休
営業時間：8：30～17：30
駐車場：有（2、3台）　カード支払：可
席　数：本店には喫茶室（テーブル席6名）有
予算・コース：300～550円程度（税・サ込）
他店舗：大丸京都店・髙島屋京都店・ジェイアール京都伊勢丹・伏見大手筋店

夏の愉しみ

見ているだけでも涼やかな〈水万寿〉の他にも、夏ならではの菓子がショーケースに並ぶ。水無月、葛万寿、わらび餅や若鮎など、どれも手頃な値段なのが嬉しい。おやつに最適

「遊形サロン・ド・テ」の白桃のジュレ

京の街なかでゆったり落ち着ける居場所

殊更に暑い夏の京都。いざというときの居場所を念頭に置いておくのは、極めて大切なことである。暑さや人混みから逃れ、心静かに涼める場所。

いくら美味しいものがあっても、行列の後ろに着かねばならない店は論外として、店の中が猥雑な設えだったりすると、涼むどころか、却って暑苦しくなる。席の配置が窮屈なところも同様。隣客の熱気が跳ね返って来ると息苦しささえ感じてしまう。

品のいい調度に囲まれて、少しく庭も眺められ、ゆったりとした席で落ち着ける場所。更には極上の甘味でもあれば何も言うことはない。そんな居場所を与えてくれるのが「遊形サロン・ド・テ」。店の在り処《か》は、姉小路《あねやこうじ》通の麩屋町《ふやちょう》を少し東に入った辺り。繁華街の真ん中にあるのも嬉しい。

日本一の名旅館「俵屋《たわらや》」が手掛けるサロンゆえ、その居心地のよさは折り紙つき。店に足を一歩踏み入れた瞬間から、涼やかに心が落ち着いていく。姉小路通に面した窓側のテーブル席、店の一番奥にあるソファ席、「俵屋」の客室から望む庭と同じような設えの中庭を眺められるテーブル席とカウンター席。どこに腰をおろしても、ふわりと気持ちが安らぐ。

やさしい手触りのおしぼりを使った後は、甘味で舌を涼ませる。二ヶ月ごとに変わるという甘味は、ブランマンジェやババロアなど、上質な菓子が瀟洒《しょうしゃ》な器に盛られ、おとなの味わいで愉しませてくれる。この日は〈白桃のジュレ〉。白地に藍の器。蓋を取った瞬間に立ち上る甘い薫り。これほどの贅沢な居場所は他にあるものではない。

白桃のジュレ　コーヒーか紅茶とセットで 2260 円（税込）

遊形サロン・ド・テ（ゆうけいさろん・ど・て）

☎ 075-212-8883（予約不可）
中京区姉小路通麩屋町東入北側二軒目→地図 B（123 頁）

定 休 日：火曜日（祝日の場合と 4 月・11 月は営業）
営業時間：11：00 ～ 18：00
駐 車 場：無
カード支払：可
席　　数：カウンター 4 席・テーブル席 9 名（全席禁煙）
予算･コース：季節のデザートにコーヒーか紅茶のセットで 2260 円・
わらび餅に抹茶のセットで 2260 円（すべて税・サ込）

夏の愉しみ

2 ヶ月に一度替わる、季節のデザートは、さすが「俵屋」がプロデュースする店だけあって、その器使いも見事。店内に飾られた物も含めて、器好きには堪《こた》えられない

「ハンデルスベーゲン」のアイスクリーム

京都でアイスクリームと言えば

古くから京都人は新しもの好きとして知られている。一見すると古都京都には似合わなそうなものでも、とりあえずは受け入れる。

文明開化とほぼ同時に、洋食屋やすき焼き屋を他都市に先駆けて開店させたのも京都なら、路面電車を日本で初めて走らせたのも京都。

しかしすぐには飛び付かないのも京都人の倣《なら》い。暫くは様子見に専念し、落ち着いたところで試してみる。そんな傾向は食でも同じ。ニューオープンの店にいち早く馳せ参じるのは大抵京都人ではない。評判をじっくりと確かめ、多くの都人の支持を得るかどうかを、見守っているのだ。

地下鉄北大路《きたおおじ》駅のすぐ傍。昔ながらの商店街に、アイスクリームを主力商品とする「ハンデルスベーゲン」がオープンして、三年ほど経つだろうか。いつしか街の風景に溶け込み、すっかり馴染んでいる。まるで十年以上も前からあったように。

北欧の住宅を思わせる店に入ると、ショーケースにアイスクリームが並び、甘い薫りを漂わせている。ここでオーダーして、奥のイートインスペースで食べる。もちろんテークアウトも出来るが、夏は涼みがてら店で食べるのがいい。ワッフルコーンにいろいろなフレーバーを盛り合わせる。トロピカル、ストロベリー、ピスタチオなど夏らしい取り合わせにする。乳脂肪分が十五パーセントを超えるという濃厚なアイスクリームは、ねっとりと舌に絡み、冷たい甘さが喉に染み渡る。京都でアイスクリームと言えばここ。そう言われるに至った。

トロピカル・ストロベリー・ピスタチオの３種をコーンＭサイズ　600円（税込）に

ハンデルスベーゲン 北大路店

☎ 075-494-0575（予約可）
北区小山北上総町 43-2 →地図 F（125 頁）

定 休 日：年中無休
営業時間：平日 11：00 ～ 21：00　土日祝 10：00 ～ 22：00
駐 車 場：無　**カード支払**：可
席　　数：テーブル席 58 名（全席禁煙）
予算·コース：カップ S380 円・カップ M520 円・コーン S460 円・コーン M600 円（税・サ込）。フレーバーは何種類でも価格は同じ
他 店 舗：ゼスト御池店・新京極店・りんくう店

夏の愉しみ

定番のフレーバー以外に、季節限定のフレーバーもある。アイスクリームのコーンは店内で焼く手作りワッフル。パンケーキやパスタランチもあり、昼時に訪れるのもいい

「祇園喫茶カトレヤ」のアイス珈琲

井戸水で淹れたコーヒー

京都は水で出来ている。常々そう思っているが、その思いは歳を重ねるごとに強くなる。三方を山で囲まれた京都盆地には、山で濾過《ろか》された水があちこちから流れ出ている。そしてそれを溜め込んでいるのか、京都盆地の地中深くには、琵琶湖《びわこ》の水量に匹敵するほどの巨大な水甕《みずがめ》が潜んでいるという。

食品衛生法という法律上、井戸水を使って調理するには様々な制限があるが、それでも京都には井戸水を利用した食が多く存在し、それを最もダイレクトに味わえるのが「喫茶カトレヤ」。祇園《ぎおん》石段下から四条通を西へ。一分ほども歩けばこの店に行き着く。ガラスの格子ドア、大きな窓、黒い板壁。落ち着いた佇まいの店に入ると、ひと際目立つのが、中ほどの壁に設えられた井戸。周りをレンガ壁で覆われ、滑車から下がる釣瓶竿《つるべざお》も渋い古色が着き、長い歴史を感じさせる。

今は厨房内から汲み上げているそうだが、立派に現役として活躍している井戸の水は、すぐ傍の八坂《やさか》神社と同じ水系。それもその筈、ここはかつて神社の境内だったのである。そのご神水はもちろん珈琲にも使われ、夏場のアイス珈琲などを飲めば、まさしく甘露だということが分かる。ただ喉を潤すだけでなく、どことはなしに神性をも感じさせる味わいはこの店ならではのこと。

祇園祭の終盤、還幸祭《かんこうさい》の際、御旅所《おたびしょ》から市中を練り、御神霊を本社へと戻す神輿はこの店の前を通る。神輿をかつぐ若衆に力水《ちからみず》を配るという大役も果たす店。京都は水で出来ている。

アイス珈琲　500円（税込）。夏の喉を潤すまろやかなコーヒー

祇園喫茶カトレヤ（ぎおんきっさかとれや）

☎ 075-708-8670（予約可）
東山区祇園町北側 284 →地図 A（122 頁）

定 休 日：不定休
営業時間：10：00 ～ 22：00（LO 21：45）
日曜日 10：00 ～ 20：00（LO 19：45）
駐 車 場：無　**カード支払**：可
席　　数：テーブル席 32 名（喫煙可）
予算・コース：ドリンク 500 ～ 700 円
フードセット 700 ～ 1200 円（すべて税・サ込）
他 店 舗：mag（中京区下樵木町 191-3）

夏の愉しみ

夏の暑い日限定のクリームソーダも愉しみのひとつ。カレーセットやオムライスセットなどの軽食メニューも隠れた人気。ランチタイムは意外に空いている穴場店

「鍵善良房」四条本店のくずきり

京都を代表するくずきりの名店

四条通を花見小路《はなみこうじ》より少し西に進む。北側に店を構える「鍵善良房」四条本店。享保年間（一七一六～一七三六）の創業以来、幾度かの移転を経て、今や京都を代表する和菓子店として知られ、多くの都人に親しまれている。

干菓子から季節の生菓子、上用饅頭《まんじゅう》、羊羹に至るまで豊富な品揃えで、京土産にも格好の菓子が並ぶが、喫茶室で食べられるくずきりの名店として、多くの旅人にも愛され続け、今日では、「鍵善良房」の代名詞にもなっている。

しかし、この店はただ一軒の菓子店というだけではなく、京都文化、祇園文化とともに歩んで来た側面も持ち合わせている。とりわけ、昭和初期、当時盛んだった民藝運動と深く関わりを持ったことは、「鍵善良房」の骨格を成す一助となり、今もその伝統は受け継がれている。

今は緑色の漆器だが、かつては名工黒田辰秋《くろだたつあき》の見事な螺鈿《らでん》細工の器に入って、くずきりが出て来たこともあった。四条通に面したショーケースの中にも、店内にも黒田の作品は多く残され、同じ民藝運動の陶芸家、河井寛次郎《かわいかんじろう》の作品も飾られている。

茶道はもちろんのこと、様々な文化芸術とも関わりを持って歴史を重ねて来たのが、京都の和菓子店であり、その象徴とも言えるのがこの「鍵善良房」四条本店。

そんなことにも思いを馳せながら、くずきりを食べれば味わいは一層深みを増し、涼やかな後口を残す。

材料は吉野《よしの》大宇陀《おおうだ》の本葛と沖縄産の黒蜜。本物の店は本物だけを使う。

くずきり　950円（税込）。黒蜜につけて頂く

鍵善良房 四条本店（かぎぜんよしふさ）

☎ 075-561-1818（予約不可）
東山区祇園町北側 264 →地図 B（123 頁）

定 休 日：月曜日（祝日の場合は営業）
営業時間：9：00～18：00　喫茶 9：30～18：00（LO 17：45）
駐 車 場：無
カード支払：可
席　　数：テーブル席 62 名（全席禁煙）
予算･コース：ドリンク 500 円～・甘味（くずきり）950 円（税・サ込）
他 店 舗：高台寺店・ZEN CAFÉ+Kagizen GiftShop

夏の愉しみ

店で出されるくずきりは年中食べることが出来るが、やはり夏は格別の味わい。土産に持ち帰るなら〈琥珀〉がお奨め。薄い藤色や水色のゼリーは目にも涼やか

「飲食求道 一作」のえひめかき氷

お好み焼き屋さんのかき氷

夏のおやつとして、気軽に食べられるはずのかき氷だが、近頃はブームの様相を呈していて、祇園《ぎおん》辺りの人気店や、老舗《しにせ》菓子店の茶店などでは、軽く千円を超える値段設定をしていて、とてもじゃないが、気安く食べるわけにはいかなくなった。最近の京都の悪しき傾向である。やたらと付加価値を付け、ブランドイメージで化粧して、客の財布の紐を弛《ゆる》ませる。どこの観光地にもありがちなことだが、いずれしっぺ返しが来るに違いない。

寺町《てらまち》通を上御霊前《かみごりょうまえ》通から少し南に下がった辺りに店を構える「一作」なら、至極手頃な価格で、真っ当なかき氷を味わうことが出来る。

〈飲食求道〉という言葉を店の名に冠する「一作」は、かき氷専門店ではなく、お好み焼きや鉄板焼きで知られる店。名物一作焼やオムレットなどの定番に加えて、季節限定メニューもあり、夏なら万願寺お好み焼き、賀茂なすお好み焼きといった京野菜を使ったお好み焼きも人気を呼んでいる。

古くから続く、お好み焼きの店としてのイメージが強いせいで、京都人にもあまり知られていないが、美味しいかき氷を食べられる穴場店なのである。

みぞれ、宇治金時、黒みつ、ミルクといった定番から、梅ミルク、〈えひめ〉といった変化球まで、十種を超えるかき氷がメニューに並び、どれも六百円前後で食べられるのが嬉しい。

ふわりと削られたかき氷が、ピラミッドのようにうず高く盛り上げられ、しっかりとみかんの味が染み込んでいる。舌に冷たく甘く、残るのは爽やかな後口。これぞ京のかき氷。

かき氷（えひめ）　630円（税込）。〈えひめ〉はみかん味。
他にいちごや梅など果物本来の味を生かした無添加のシロップが人気

飲食求道 一作（いんしょくぐどういっさく）

☎ 075-231-5407（予約可）
上京区寺町通今出川上ル6丁目不動前町3
→地図F（125頁）

定休日：水曜日
営業時間：平日昼11：30～14：00　夜17：30～22：00
　土日11：00～22：00
駐車場：有（4台）
カード支払：不可
席　数：カウンター5席・座敷38名・テーブル席8名（喫煙可）
予算・コース：氷530～750円・食事1000～3000円（すべて税・サ込）

夏の愉しみ

近年は、かき氷が隠れた人気を呼んでいるが、カレーや餃子、梅干しを使った和風の中華そばなど、食事のメニューも充実していて、どれを食べても、個性的な美味しさを愉しめる

夏の朝を味わう

—夏は夜。月の頃は更なり—。清少納言はそう書いた。無論、夏の夜も悪くはないが、〈夏も、つとめて〉も正しいように思う。蒸し暑い熱帯夜を過ぎ越し、ひんやりとした冷気に目覚める朝は格別のものがある。

如何な酷暑の京都と言えども、早朝の過ごしやすさは真昼の比ではない。昼間は冷房の効いた室内で過ごし、陽が高くならない内に歩く。京都の夏旅には是非とも覚えておいて頂きたい勘所。

京都の朝は早い。街なかを歩くと、そこかしこから門掃きの音が聞こえて来る。水を打った跡も見掛ける。

そんな路地を抜け、古い社《やしろ》に入り込むと、

拝殿の鈴の音が境内《けいだい》に響いている。ゆらゆらと風に揺れる鈴緒《すずお》の傍らで、一心に祈りを捧げる背中が見える。

伸びやかな場所を選んで歩くなら、鴨川《かもがわ》堤や京都御苑がいい。木陰を見つけて、こまめにひと息つきながら歩く。

歩き疲れた身体を休め、あるいは喉を潤し、小腹を満たす術はいくらもあって、それもまた、京の夏旅の愉しみとなる。

他の街がそうであるように、京の街でも多くの喫茶店がモーニングサービスをメニューに載せている。それが在り来たりだと思うなら、朝からラーメンもいい。

旅館の朝ご飯に舌鼓を打つ贅沢も、たまには許されるだろう。早暁、寺の山門を潜り、有難い話を聞いて後に、振る舞われる粥をしみじみ味わうのも一興。

暮らすように京都を旅するなら、朝が最もふさわしい時間。

「近又」の朝ご飯

京の佇まいを伝える懐石宿

朝ご飯といって、誰もが不思議を持って語るのが旅館の朝ご飯。普段は朝食を口にしない人でも、不思議なことに日本旅館だと、ご飯のお代わりまでして、朝ご飯をしっかり食べる。前夜たっぷりとご馳走を頂いたのに、なぜ旅館だときちんと食べられるのか。

その疑問に対する答えは、それが日本人の理想とする朝食だから、しか思い付かない。何ら奇を衒《てら》うことなく、ご飯とおかず、味噌汁が食膳に並び、そのどれもが美味しいから。そうとしか言いようがない。

錦《にしき》市場にほど近い料亭旅館「近又」は当然のことながら、朝ご飯だけを出す店ではなく、昼夜の懐石料理が本筋の料理宿。泊まらずとも食べられる料理は、吟味した食材を、熟達の料理人が調理し、四季の移ろいを器や盛り付けに映し出すことで定評があり、都の内外を問わず多くの客の舌を喜ばせている。

そんな料亭旅館で朝ご飯だけでも食べられるとあって、その人気は高まる一方。気軽なテーブル席、趣《おもむき》ある座敷。いずれにせよ早めに予約をしておきたい。

賀茂なすの田楽、鱧《はも》と万願寺とうがらしの南蛮漬け、胡麻豆腐に出汁《だし》巻き、若狭鰈《わかさかれい》の一夜干しなど、目にも涼やかな、夏らしい料理がずらりと並ぶ朝ご飯。炊き立ての白ご飯の旨さは言うまでもなく、京豆腐と庄内麩が浮かぶ味噌汁も料亭仕込みの繊細な味わい。

これほどに贅沢な朝ご飯が出るのだから、昼夜の懐石料理の充実度は推して知るべし。朝の次は是非昼を、そして夜にも味わってみたい。

朝ご飯　5400円（税込）。素材にこだわった、これぞ日本の朝ご飯

近又（きんまた）

☎ 075-221-1039（要予約）
中京区御幸町通四条上ル 407 →地図 B（123 頁）

定休日：水曜日（祝日の場合は営業）
営業時間：朝 7：30 〜 LO 9：00　昼 12：00 〜 LO 13：30
夕 17：30 〜 LO 19：30
駐車場：無
カード支払：可
席　数：7 部屋・テーブル 4 席（2 〜 25 名まで）（禁煙・喫煙両席有）
予算・コース：朝 5400 円・昼 8640 円〜・夕 14040 円〜（すべて税込・サ別）

夏の愉しみ

昼も夜も、格式高い座敷以外に、気軽なテーブル席で懐石料理を食べられるのも嬉しい。夏の懐石はたとえば先附・氷室竹筒盛、椀もの・牡丹鱧と枝豆豆腐など、見た目も涼やか。その料理の片鱗を窺える西京漬けや胡麻豆腐などは、土産として持ち帰ることが出来る

「新福菜館本店」の中華そば

朝から食べたくなる京都ラーメン

よく誤解されるのだが、京都人の嗜好《しこう》は決して薄味ではない。時々京風ラーメンなどと言って、そうめんのような極細麺に透き通ったスープ。醤油か塩かさえ分からないほどの薄味ラーメン。いったいこれのどこが京風なのか、大抵の京都人なら首を傾げるしかないのだが、世間一般には、これをして京都らしいと決め付けられてしまう。俗に言う、〈京の薄味神話〉。

もちろん繊細な京料理は、丁寧に取った出汁《だし》を基調として、微《かす》かな塩と醤油のみで調味することを旨とするものだが、それはあくまでハレの日の料理に限ったことであって、日々の暮らしの中では濃密な味付けを好んで食べるのが都人の常なのであり、それはラーメンであっても同じこと。

全国にチェーン展開している店は〈こってり〉をキーワードにしているし、ラーメン通が足繁く通う、洛北の〈ラーメン街道〉に軒を並べる店は、どこもが濃厚なスープを売りものにしている。そして京都駅近くで行列の絶えない店として居並ぶ二軒の老舗《しにせ》ラーメン店とて、どちらも決して薄味ではない。それぞれにファンが付く二軒。僕の贔屓《ひいき》は濃い醤油味の「新福菜館本店」。初めてこの中華そばを見た客は必ずその黒さにたじろぐが、食べると必ずやみつきになる。元は中央市場帰りの客に向けての早朝営業。今では旅人も時に列を為す。

あまりの醤油黒さに、どんなに塩辛いかと思えば、意外にもあっさりとした味に拍子抜けし、しかしその奥深い味わいに嘆息するのがこの店の中華そば。同じく黒々とした色調ながら、淡い旨みを湛《たた》える焼飯も必食。朝から食べるにふさわしい淡味なのである。

中華そば並　700円（税込）。黒いスープが特徴

新福菜館本店（しんぷくさいかんほんてん）

☎ 075-371-7648（予約不可）
下京区東塩小路向畑町 569 →地図 C（123 頁）

定休日：水曜日
営業時間：7：30 ～ 22：00
駐車場：有（4 台）
カード支払：不可
席　数：カウンター 3 席・テーブル席 48 名（喫煙可）
予算・コース：700 ～ 1200 円（税・サ込）

夏の愉しみ

名物の焼飯や中華そばに舌鼓を打った後は、〈まかないカレー〉をお土産に是非。中華そばスープをベースにしたカレーは持ち帰りのみだが、これもクセになる味わい

「ろじうさぎ」の京の朝ごはん

ほっこり、のんびり、朝の時間を過ごす

京都に限ったことではないが、喫茶店のモーニングというと決まって洋食。当然と言えばそうなのだが、古都京都なら、一軒くらい和朝食を出す喫茶店があってもおかしくないのに。ずっとそう思って来た。

ご飯と味噌汁。そう大層なおかずは要らない。焼魚と出汁《だし》巻きでもあればそれでもう充分。京都らしい佇まいの中で、ほっこりと落ち着ける和朝食を、手頃な値段で食べられる店があれば、どんなに人気を呼ぶだろうか。

そんな長年の夢を叶えてくれる店を見付けた。場所は宮川町《みやがわちょう》の歌舞練場を上がって、ひと筋目を東に入った辺り。恵美須《えびす》神社の裏側になる。「ろじうさぎ」という店名が示す通り、情緒ある路地に潜むカフェがそれ。

町家風の佇まい。暖簾《のれん》を潜って店に入ると、思ったより広い。座敷の他に窓際に設えられたカウンター席もある。今風の言葉で言うなら和カフェ。

甘味や飲みものが豊富に揃い、日替わりランチもあって、京の街歩きの途上、ひと休みするには格好の店だが、朝八時から食べられる京の朝ごはんは、近年その人気がうなぎ上り。

ご飯、焼魚、出汁巻き、味噌汁はもちろん、おばんざいの小鉢がふたつほど付いて八百円は実に良心的な値段だ。

すべてをひとりで切り盛りする店ゆえ、多少の待ち時間は必須。心にゆとりを持って、じっくりと味わいたい。手作りの心が伝わる、京都の街にふさわしい朝ごはん。

京の朝ごはん　800円（税込）。
旅先で愉しめる家庭の味

ろじうさぎ

☎ 075-551-0463（予約可・朝ごはんはできるだけ予約を）
東山区下柳町 176（宮川町歌舞練場上ル一筋目東入
恵美須神社西側）→地図 B（123 頁）

定 休 日：第 2 土曜日（他不定休有）
営業時間：朝 8：00 ～ 10：30（7・8 月は 7：00 ～）、
12：00 ～ 18：00
駐 車 場：無
カード支払：不可
席　　数：座敷・カウンター合わせて 15 ～ 20 名（全席禁煙）
予算･コース：予算に合わせて対応

夏の愉しみ

夏場には、庭先で流しそうめんのイベントが行われ、舞妓さんが彩りを添えてくれる（詳細はホームページ参照）。建仁寺も近いので、朝ご飯を食べてから、夏の寺巡りに出掛けるのもいい

「知恩院」の暁天講座後の芋粥

真夏の早朝、心静かに暑さを忘れる

夏休みというくらいだから、身体も頭も休ませなければならない。こんな暑い時期に勉強などしても、きっと頭に入らないから学校は夏休みなのである。とは言え、頭を使わないままだと錆び付いてしまうから、宿題という名の負荷を与える。それは何も子供に限ったことではなく、おとなも同じ。暑いからと言って、思考を止めてしまうと、ただでさえ鈍っている脳が、ますます弛《ゆる》んでしまう。

昼間は仕方ないとして、せめて早暁くらいは、説教に耳を傾け、人の世のあれこれを考えようではないか、としたのが始まりかどうかは分からぬが、洛内のいくつかの寺院では、暁天講座《ぎょうてんこうざ》の名のもとに、善男善女に向けて学ぶ時間を設けている。

最もよく知られているのは知恩院《ちおんいん》だろうか。七月の末頃、数日にわたって暁天講座が開かれ、各界の著名人がおよそ一時間、自らの体験を主にして様々を語る。

早朝六時からとあって、真夏の京都であっても、さほどの暑さを感じることはなく、扇子を開く人もまばら。熱心に話に聞き入っている。 時間は長いようで短く、短いようで長い。話を聞き終えた午前七時ともなれば、少なからず空腹を覚える。そこで待ち受けているのが芋粥の接待。

何度も暁天講座に通い、先刻承知の人はいち早く泰平亭《たいへいてい》に向かい、素朴な味わいの芋粥に夏の暑さを忘れる。特段の信者でなくとも、こうして寺方と町衆が心を通わせる。京都が京都たる所以《ゆえん》は、この朝の芋粥に最もよく表れているように思う。

暁天講座後の芋粥。梅干しを添えて

知恩院（ちおんいん）

☎ 075-531-2111［代表］
☎ 075-541-5142［布教部］
（暁天講座は予約不要）
東山区林下町 400 →地図 A（122 頁）

暁天講座：6：00 〜 7：00
駐 車 場：有（約 60 台）
※暁天講座の時間中のみ駐車可・日中は不可
定　　員：約 800 名

夏の愉しみ

暁天講座は毎年 7 月 27 日から 31 日の 5 日間開催する。予約不要・入場無料で誰でもお参りできる。2015 年は講師に朝井まかて・中野正明・佐々木丞平・伊藤唯眞・有本亮啓の各氏を迎える予定

「ラ・ブランジェ　アサノ」のカレーパン

京都人がそれぞれ持つお気に入りのパン屋

和のイメージの強い京都だが、古くからパンが似合う街でもある。老舗《しにせ》のパン屋さんもあれば、新しく出来たブーランジェリもあり、まさに百花繚乱。京都の街を少し歩けば、必ずどこかから、パンを焼く芳《こう》ばしい香りが漂って来る。詳しくは知らないが、京都市のパンの消費量は日本でトップクラスなのだそうで、さもありなんと思わせるほど、パン屋の看板を多く見掛ける京の街。

朝の散歩の道すがら、ふと見付けたパン屋さんに入り込み、焼き立てパンを携えて、景色のいい場所を選んでオープンエアの朝食と洒落《しゃれ》込むのも、夏の京都ならではの愉しみ。

お天気がよければ、朝早く宿を出て賀茂川《かもがわ》堤を散歩してみる。どこを選んでもいいのだが、お奨めは世界遺産結び。上賀茂、下鴨《しもがも》の両神社の間を歩くコース。

スタートは上賀茂神社。一ノ鳥居の前にバス停がある。白砂を踏みしめてお参りした後は、賀茂川堤の西岸を下流に向かって歩く。御薗橋《みそのばし》から上賀茂橋までは僅かな距離。このすぐ近くに店を構える「ラ・ブランジェ　アサノ」で焼き立てパンを買って、再び賀茂川堤を歩き、下鴨神社へと向かう。気に入った眺めに近いベンチに腰をおろして朝食。

目移り必至のパンの中で、夏に必須なのはカレーパン。陽が高くなり、じりじりと照り付ける太陽にはスパイシーなカレー味で対抗。ほどよい辛さが香ばしいパンと混ざり合い、身体の隅々まで目覚めさせてくれる。清らかな賀茂川の流れと朝のカレーパン。意外なほどに好相性を見せるのだ。

カレーパン　170円（税込）。スパイシーなカレーが包まれた焼きカレーパン

ラ・ブランジェ アサノ

☎ 075-493-1693（予約可）
北区小山北玄以町 25 リバーズストリーム鴨 1 階
→地図 E（124 頁）

定 休 日：木曜日
営業時間：7：30 ～ 18：30
駐 車 場：有（1 台）
カード支払：不可

夏の愉しみ

カレーパンは 1 年を通じて食べられるが、〈天然酵母マンゴー＆クリームチーズ〉は夏季限定。種類が豊富だが、試食出来るパンがたくさんあるので、味を確かめてから買える

エピローグ

京都　夏の宿

美山荘

川のせせらぎを聴きながら冷酒を傾ける

右上／夏のしつらえ
右下／レースのような大葉麻殻と糊空木を志野の花入に
左／玄関までのアプローチ

今風の言葉で言えば〈ワンデー・トリップ〉。つまりは日帰り旅行というスタイルが人気を呼んでいるのだそうだ。

首都圏からだと、飛行機でも新幹線でも、早朝に発てば、一日京都で遊んでその日のうちに帰り着くことは充分可能だ。かく言う僕も東京へ行って、日帰りすることはよくある。だがしかし、せっかく京都まで来たのなら、是非とも一泊して欲しい。なぜかと言えば、先に書いたように、早朝の京都にも味わうべき食があり、観るべきものもあり、もしくは夜更けにそぞろ歩く愉しみも、京都にはたくさんあるからだ。

割り切ってビジネスホテルに泊まるのも一法だが、宿にも京都らしさを求めるなら、いろいろな選択肢がある。

最近都で流行《はや》るもの。それが町家一棟貸し。古い町家をリノベーションし、快適な設備を備えながら、京都らしい情緒の中で一夜を過ごすというシステム。

庵 美濃屋町

座敷から坪庭を望む

鍵さえ借りてしまえば、自分たちだけで気ままに過ごせるという、暮らすような旅を味わえるとあって、その人気は近年高まる一方。町家の数も相当数に上る。

一棟貸しの町家ブーム。先鞭《せんべん》をつけたのは「庵《いおり》」。今や十指を超える町家を擁し、大小様々、京都の街なかで一夜の京都暮らしを供している。

お目当ての店に出掛けての食事もいいが、朝夕とも仕出しを手配してくれるので、部屋で寛《くつろ》ぎながら、都人気分を満喫するのもいい。旅を自分好みにアレンジ出来るのも人気の一因。

それとは逆に、すべてを宿に任せるという日本旅館も京都旅にはふさわしい。京都で日本旅館に泊まる。これほどに似つかわしい取り合わせも、そうそうあるものではない。

〈おもてなし〉。その言葉通りの接客は日本旅館の醍醐味。もてなされる快感は、一度味わうと癖になる。

右／二階客室・鴨川からの陽当り良好
左上／一階客室・鴨川を眺めながら
左下／屋根裏の隠れ家

洛北花背《はなせ》の「美山荘《みやまそう》」などは、洛中とは比ぶべくもないほどに涼しい。蛍が舞う幽玄《ゆうげん》の山里で過ごす一夜は、鄙《ひな》の里ならではの摘草《つみくさ》料理も相まって、長く、深く記憶に残ることだろう。

市内中心部から、車に揺られること小一時間。京都へ旅をしながら、更に奥山へ分け入り、足を伸ばすことで、もうひとつの旅が重なるのも大きな魅力。温泉があるわけでもなく、豪華な設備を有する宿でもないが、その質実素朴なもてなしに、多くが憧れるのは当然のこと。京都のみならず、日本を代表する名旅館「美山荘」は、夏の京都旅を更に深めてくれる宿。

一方で、街なかの日本旅館に泊まるのもなかなかに味わい深い。繁華街の中にありながら、一歩宿の中に入れば静寂が保たれ、よく手入れの行き届いた庭を備え、市中の山居とも言うべき佇まいで旅人の心を癒してくれる。

たとえば、錦《にしき》市場にほど近い、富小路《とみのこうじ》通六《ろっ》

要庵西富家
街なかにひっそりと佇む、控えめな入口

右／打ち水されたアプローチ
中／祇園祭のしつらえ
左／日本旅館には珍しいワインセラー

客室から主人心づくしの庭を愉しむ

角《かく》下ルに建つ「要庵西富家《かなめあんにしとみや》」などは、京都でも最も賑わう場所にありながら、まるで山の端にいるような静けさを湛《たた》えている。

名旅館と称えられる他の日本旅館と同じく、入口は至極控えめである。格子戸を開け、短いアプローチを辿り、玄関を潜る。

「おこしやすぅ、ようこそ」

やわらかな京言葉と、香の匂いに迎えられ、靴を脱いで上がり込む。通された待合でお茶を一服。ほっこりとした宿の時間の始まり。

一階と二階合わせて、部屋数はわずかに六つ。どの部屋からも庭を望むことが出来、瀟《しょう》洒《しゃ》な数寄屋《すきや》造りの部屋は、さすが京都と思わせる設え。

ひと休みして出掛けるにも、錦市場はもちろん、市内の観光名所に通じるアクセスは極めて便利で、コンシェルジュならぬ女将《おかみ》のアドバイスを受ければ、またひと味違った京都旅が愉しめる。

朝夕ともに、部屋でゆっくり食事が出来る

三福
客室からは鴨川が見える

のも、日本旅館の嬉しいところ。すぐ近くの錦市場から届く新鮮な素材、旅館にしては珍しいほどに充実したワイン。わざわざ外に出掛けずとも、京都らしい食を味わえる。

とは言え、夕食はお目当ての店がある、という向きもあるだろうから、朝食だけを付けてもらう、一泊一食という泊まり方もある。

そんな客に向けて、最初から夕食は省き、朝ご飯だけを供する宿を〈片泊《かたど》まり〉と呼び、京都旅熟練者を中心に、根強い人気を誇っている。

古い町家を活用する宿としては、先に書いた、町家一棟貸しの先輩格に当たる、片泊まりの宿。その多くは花街《かがい》の近くにある。かつて、花街で遅くまで遊んだ旦那衆が、家に帰るのが面倒とばかりに、一夜の宿と翌日の朝ご飯を所望し、それに応えたのが、片泊まりの始まりとされている。

それゆえ、必要最小限の設備ながら、粋《すい》を凝らした設えと、舌の肥えた客をも満足させ

右／片泊まりの愉しみ・朝ご飯
左／敷地内には料理屋「遊菴」も

る朝食が、片泊まり宿の神髄。
先斗町《ぽんとちょう》にある「三福《みふく》」などがその代表。鴨《かも》川《がわ》を見下ろす部屋もあり、その瀟洒な佇まいには定評がある。もちろん朝ご飯も美味しい。町家一棟貸しと日本旅館の合わせ業とも言える片泊まりは、旅慣れた方にお奨め。

いろいろな宿はあるが、やはりホテルの快適さを求めたい、という方に是非ともお奨めしたいのが、「ウェスティン都ホテル京都」の〈佳水園《かすいえん》〉。ホテルの中にありながら、日本旅館の佇まいを色濃く映し、度々京都を訪れるという京都通にはとりわけ人気が高い。

昭和を代表する名建築家、村野藤吾《むらのとうご》設計の和室別館は、数寄屋《すきや》造りを旨とし、高低差による変化を生かし、個性溢れる部屋を設えている。更には七代目小川治兵衛《じへえ》の長男白楊《はくよう》が手掛けた庭が客室を囲み、なんとも贅沢な景色をも見せてくれる。そして〈佳水園〉からは奥山の〈野鳥の森〉にも道が通じ、朝の散歩にも格好。夏宿として強くお奨めしたい。

ウェスティン都ホテル京都 佳水園
右・琵琶湖疏水の水を引き入れた見事な滝
左上下・京都市文化財（名勝）に登録されている庭園

要庵西富家（かなめあんにしとみや）

☎ 075-211-2411（予約は電話・ホームページで）
中京区富小路通六角下ル骨屋之町 562
→地図 B（123 頁）

営業時間：in14：00 out 11：00（不定休）
部 屋 数：客室 6 室
料　　金：一泊一名 35000 ～ 60000 円（税・サ別）

三福（みふく）

☎ 075-221-5696（予約は電話・ホームページで）
中京区先斗町通三条下ル→地図 B（123 頁）

営業時間：in14：00 out 11：00（不定休）
部 屋 数：客室 3 室
料　　金：一泊一名 14000 円～（税・サ込）。カード支払不可。敷地内に京料理の店「遊菴」有

ウェスティン都ホテル京都 数寄屋別館「佳水園」（かすいえん）

☎ 075-771-7111［ホテル代表］
☎ 0120-333-001（予約は電話・ホームページで）
東山区粟田口華頂町 1 →地図 A（122 頁）

営業時間：in15：00 out 11：00
（佳水園庭園の見学は 7：00 ～ 21：00）（年中無休）
部 屋 数：佳水園は 20 室、ホテルの客室は全部で 499 室
料　　金：一泊一名 45360 円～（税・サ込）。カード支払可

美山荘（みやまそう）

☎ 075-746-0231（予約は電話で）
左京区花背原地町大悲山375→地図 J(126 頁)

営 業 日：年中無休（12 月 26 日～元日は休業）
部 屋 数：客室 4 室
料　　金：一泊一名 55890 円・摘草料理一名 18630 円～（すべて税・サ込）

庵 美濃屋町（いおりみのやちょう）

☎ 075-352-0211［株式会社庵町家ステイ］
（予約は電話・ホームページで）
下京区富小路通仏光寺下ル筋屋町 144-6
（株式会社庵町家ステイ）
庵 美濃屋町は木屋町通松原上ル
→地図 B（123 頁）

営業時間：in16：00 out 11：00
部 屋 数：美濃屋町の他、和泉屋町・三坊西洞院町・西陣伊佐町など全部で 11 棟有
料　　金：定員・料金はそれぞれの棟で異なる。
美濃屋町は一泊一名 25500 円～（税・サ込）。
定員 2 ～ 8 名

あとがき

夏の京都。春や秋と同じように歩き回ると、きっと身体が悲鳴を上げる。ペースを落として、ゆっくりと旅しよう。京都は逃げないのだから。

そしてその代わり、美味しいものをたくさん食べよう。夏にしか食べられないものもあれば、年中食べられるものの、夏に食べると、より一層美味しく味わえるものもある。京の夏の味を、あれこれと書き連ねた。殊の外暑さの厳しい京の街だからこそ、あれもこれも食べて欲しい。

夏の京都旅を計画しようとして、冬から予約しないと食べられないような店は、どんなに魅力があったとしても、本書でご紹介することは辞することとした。まだ雪が残る季節に、照り付ける日差しを掌で避ける頃の食べものを思い浮かべることが、僕には出来ないからだ。

ましてやこの季節に、長い列の後ろに着かないと食べられない店も書かずにおいた。貴重な京都時間を費やすのは、如何にももったいないことであり、付け加えるなら、長時間待つくらいなら、他にいくらでも美味しい店がある。

新しき店ばかりを追い掛けるのは、メディアやグルメブロガーさんにお任せするとして、京都にしっくりと馴染んでいる店ばかりを紹介した。京都の空気を纏《まと》った店と料理。是非ご堪能あれ。

地図A
平安神宮
冷泉通
岡崎公園
二条通
府立図書館
勧業館
（みやこめっせ）
京都市美術館
京都市動物園
京都国立近代
美術館
仁王門通
三条通
東山駅
蹴上駅
若松通
神宮道
華頂女子高・中
京都華頂大学
ウェスティン
都ホテル京都
（P.112）
新門前通
知恩院（P.108）
新橋通
一心院
祇園喫茶
カトレヤ（P.94）
いもぼう
平野家本家
（P.30）
八坂神社
円山公園
アパホテル
京都祇園
長楽寺
将軍塚青龍殿
祇園甲部
歌舞練場
浜作（P.16）
高台寺
東大路通
正法寺

地図B
丸太町通
京都地方裁判所
竹屋町通
御所南小
丸太町駅
割烹はらだ
(P.32)
神宮丸太町駅
疏水
冷泉通
夷川通
車屋町通
東洞院通
間之町通
高倉通
堺町通
柳馬場通
富小路通
麩屋町通
御幸町通
寺町通
京阪鴨東線
二条通
烏丸通
二条通
地下鉄烏丸線
京都国際マンガミュージアム
烏丸御池駅
押小路通
仁王門通
京都市役所
京都ホテルオークラ
御池通
地下鉄東西線
京都市役所前駅
本能寺
姉小路通
遊形サロン・ド・テ
(P.90)
新風館
点邑 (P.56)
京都文化博物館
河原町通
モリタ屋木屋町店
(P.60)
三条京阪駅
三条通
三条駅
鴨川
更科よしき
(P.42)
六角堂
六角通
三福
(P.112)
烏丸通
要庵西富家
(P.112)
京阪本線
新京極通
BAL
蛸薬師通
先斗町通
高瀬川
縄手通
白川
冨美家 (P.44)
御二九と八さい
はちべー
(P.72)
OPA
錦小路通
ぎをん権兵衛
(P.40)
大丸京都店
Bistro waraku
(P.48)
近又 (P.102)
河原町駅
東華菜館
(P.12)
ラクエ四条烏丸
四条通
鍵善良房
四条本店
(P.96)
烏丸駅
四条駅
藤井大丸
京都マルイ
京都高島屋
南座
祇園四条駅
花見小路通
美容園
(P.46)
天壇 祇園本店 (P.70)
ろじうさぎ (P.106)
宮川町通
建仁寺
大和大路通
麩屋町通
御幸町通
寺町通
河原町通
木屋町通
川端通
宮川町歌舞練場
恵美須神社
八坂通
庵 美濃屋町 (P.112)
建仁寺 祇園丸山 (P.20)
松原通
地図C
西洞院通
新町通
京都ヨドバシビル
京都タワー
烏丸通
東洞院通
高倉通
新福菜館 本店
(P.104)
塩小路通
京都センチュリーホテル (P.6)
ジェイアール京都伊勢丹
京都駅
八条通
燕 en (P.24)
針小路通

地図E
上賀茂神社
賀茂川
中国料理ワンワン（P.66）
御薗橋
上賀茂小
加茂川中
紫竹小
上賀茂橋
大宮通
堀川通
ラ・ブランジェ アサノ
（P.110）
地図D
一乗寺駅
修学院中
茶山駅
東鞍馬口通
駱駝（P.68）
京都造形芸術大
下鴨神社
元田中駅
白川通
叡山電鉄叡山本線
御蔭通
北白川小
知恩寺
出町柳駅
今出川通
至銀閣寺
京都大学
レストラン NOANOA（P.8）
吉田神社
哲学の道
京阪鴨東線
京都大学医学部
近衛中
京都大学医学部
附属病院
金戒光明寺
ビィヤント（P.64）
神宮丸太町駅
東大路通
白川通
丸太町通
平安神宮

地図 F
堀川通
北大路駅
立命館小
ハンデルスベーゲン（P.92）
串あげ あだち（P.52）
大谷大
紫明小
紫野源水（P.82）
北大路通
紫明通
幸楽屋（P.80）
鞍馬口通
鞍馬口駅
下鴨小
西園寺
御霊神社
梅の井（P.76）
妙蓮寺
鴨沂高校 仮移転先〈鞍馬口校地〉
飲食求道 一作（P.98）
寺之内通
室町小
十念寺
相国寺
柳園（P.62）
寺町通
上立売通
今出川駅
同志社大学 今出川校
同志社女子大
出町ふたば（P.86）
今出川通
中筋通
同志社女子中高
元誓願寺通
笹屋町通
晴明神社
一条通
上京中
中立売通
廬山寺
地下鉄烏丸線
上長者町通
京都御苑
京都府立医科大
下長者町通
出水通
京都府庁
下立売通
鳴海餅本店（P.88）
大宮通
黒門通
猪熊通
葭屋町通
東堀川通
油小路通
小川通
西洞院通
釜座通
新町通
衣棚通
室町通
烏丸通
河原町通
丸太町通
ハマムラ（P.74）
丸太町駅

地図J
峰定寺
大悲山
美山荘
(P.112)
38
京都花背山村
都市交流の森
花背中
477
大神宮社
(花背神社)

地図G
寺之内通
ビフテキ
スケロク (P.58)
七本松通
紙屋川
平野神社
千本釈迦堂
翔鸞小
クリケット
(P.84)
上七軒
歌舞練場
(P.10)
五辻通
北野天満宮
衣笠小
御前通
西大路通
上七軒 ふた葉
(P.36)
今出川通
中立売通
北野白梅町駅

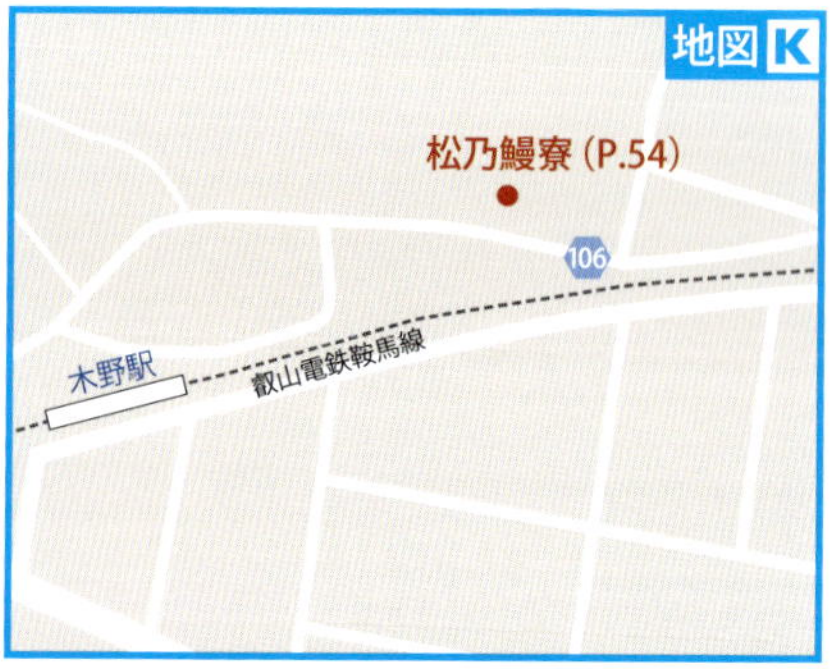
地図K
松乃鰻寮 (P.54)
106
木野駅
叡山電鉄鞍馬線

地図H
貴船神社奥宮
貴船 ひろ文 (P.38)
貴船山
鞍馬山
貴船神社
鞍馬寺
多宝塔駅
38
山門駅
鞍馬駅
361
叡山電鉄鞍馬線
貴船口駅

地図L
鮎茶屋 平野屋 (P.28)
清滝口
化野念仏寺
嵐山高雄
パークウェイ
祇王寺
二尊院
常寂光寺
JR山陰本線
嵯峨野観光線
トロッコ嵐山駅

地図I
音戸山山荘 畑善
(P.26)
162
了徳寺
福王子
宇多野病院
29
嵐電北野線
宇多野駅

店名索引

柏井　壽（かしわい・ひさし）

1952年京都市生まれ。大阪歯科大学卒業。京都市北区で歯科医院を開業する傍ら、京都の魅力を伝えるエッセイや、日本各地の旅行記などを執筆。著書に『泣ける日本の絶景88』（エイムック）『おひとり京都の春めぐり』（光文社知恵の森文庫）『日本ゴクラク湯八十八宿』（だいわ文庫）『京都の定番』（幻冬舎新書）『鴨川食堂』（小学館文庫）他多数。

撮影　　大喜多政治
　　　　二村　海（20～23頁）
装幀　　谷本天志

京都を愉しむ
夏の京都、いただきます。

平成27年6月22日　初版発行

著　者　　柏井　壽

発行者　　納屋嘉人
発行所　　株式会社　淡交社
　　　　本社　〒603-8588　京都市北区堀川通鞍馬口上ル
　　　　　　営業　(075)432-5151
　　　　　　編集　(075)432-5161
　　　　支社　〒162-0061　東京都新宿区市谷柳町39-1
　　　　　　営業　(03)5269-7941
　　　　　　編集　(03)5269-1691
　　　　http://www.tankosha.co.jp

印刷・製本　図書印刷株式会社

©2015 柏井　壽　Printed in Japan
ISBN978-4-473-04026-8

落丁・乱丁本がございましたら、小社「出版営業部」宛にお送りください。
送料小社負担にてお取り替えいたします。
本書の無断複写は、著作権法上での例外を除き、禁じられています。